W9-AUN-873

Los siete hábitos de la gente desinformada

Los siete hábitos de la gente desinformada

Cómo informarse y tomar decisiones en las redes sociales

Marc Argemí

conecta

Los libros de Conecta están disponibles para promociones y compras
por parte de empresas, en condiciones especiales para grandes cantidades.
Existe también la posibilidad de crear ediciones especiales, incluidas ediciones con
cubierta personalizada y logotipos corporativos para determinadas ocasiones.

Para más información, póngase en contacto con:
edicionesespeciales@penguinrandomhouse.com

Papel certificado por el Forest Stewardship Council®

Primera edición: junio de 2019

© 2019, Marc Argemí Ballbé
© 2019, Penguin Random House Grupo Editorial, S. A. U.
Travessera de Gràcia, 47-49. 08021 Barcelona

Printed in Spain – Impreso en España

ISBN: 978-84-16883-72-1
Depósito legal: B-7.750-2019

Compuesto en M. I. Maquetación, S. L.

Impreso en Black Print CPI Ibérica
Sant Andreu de la Barca (Barcelona)

CN 8 3 7 2 1

Penguin
Random House
Grupo Editorial

A los que saben, por lo que sé.
A los que sé, por lo que saben

Índice

INTRODUCCIÓN: (des)informaciones e (in)decisiones   11

HÁBITO I
El cuñadismo   25

HÁBITO 2
La incredulidad crédula   53

HÁBITO 3
La indecisión crónica   77

HÁBITO 4
La ansiedad informativa   97

HÁBITO 5
El confusionismo relacional   123

HÁBITO 6

El activismo visceral 153

HÁBITO 7

La precariedad informativa 175

NOTAS 211
AGRADECIMIENTOS 219

Introducción

(Des)informaciones e (in)decisiones

En la Inglaterra del siglo XVIII, Joseph Priestley era, a sus casi cuarenta años, un hombre brillante y con grandes inquietudes. Científico y teólogo, era ministro en la Mill Hill Chapel, una consolidada iglesia unitaria de Leeds, y ese año, 1772, había publicado cómo había ideado casi por casualidad el agua carbonatada, invento con el que proveyó a la segunda expedición de James Cook por los Mares del Sur porque pensaba, erróneamente, que podría curar el escorbuto. Y a pesar de sus conocimientos y su dilatada experiencia, cuando lord Shelburne le ofreció ser su asistente, bibliotecario y educador de sus hijos, dudó. La posición que se le ofrecía era muy lucrativa, pero lo obligaba a cambiar su situación. ¿Debía aceptar o rechazar? ¿Qué era lo correcto?

Y preguntó a otra mente creativa e inquieta de su tiempo: Benjamin Franklin.

La respuesta del que sería uno de los padres fundadores de Estados Unidos tiene fecha de 19 de septiembre de 1772 y dice así:

En el asunto de tanta importancia para usted, en el que me pide mi consejo, no puedo, por falta de premisas suficientes, aconsejarle qué debe determinar, pero si lo desea, le diré cómo.

Cuando ocurren estos casos difíciles, son difíciles principalmente porque mientras los tenemos bajo consideración, todas las razones pro y contra no están presentes en la mente al mismo tiempo; pero a veces un conjunto se presenta, y otras veces otro, quedando el primero fuera de la vista. De ahí los diversos propósitos o inclinaciones que prevalecen alternativamente, y la incertidumbre que nos deja perplejos.

Para superar esto, mi modo es dividir media hoja de papel por una línea en dos columnas, escribiendo sobre una Pro [a favor] y sobre la otra Con [contra]. Luego, durante tres o cuatro días de consideración, pongo bajo los distintos encabezados de forma breve las sugerencias y motivos que en diferentes ocasiones se me presentan a favor o en contra de la Medida. Cuando los tengo todos juntos en un solo golpe de vista, me esfuerzo por estimar sus respectivos Pesos; y donde encuentro dos, uno en cada lado, que parecen iguales, saco los dos: si encuentro una razón Pro igual a dos razones en contra, saco las tres. Si juzgo dos razones Con iguales a otras tres razones Pro, saco las cinco; y así procediendo, encuentro a la larga dónde se encuentra el equilibrio; y si después de un día o dos de consideración posterior no ocurre nada nuevo que sea importante en ninguno de los dos lados, llego a una determinación en consecuencia.

Y aunque el peso de las razones no puede tomarse con la precisión de las cantidades algebraicas, sin embargo, cuando cada una se considera así por separado y comparativamente, y la totalidad está ante mí, creo que puedo juzgar mejor y es menos probable que produzca un mal paso; de hecho, he encontrado una gran ventaja de este tipo de ecuación, en lo que podría llamarse Álgebra Moral o Prudencial. Deseando sinceramente que pueda determinar lo mejor, soy siempre, mi querido amigo, el más cordial de todos.

BENJAMIN FRANKLIN[1]

Joseph Priestley, finalmente, tomó la decisión de aceptar el cargo, y este intercambio epistolar ha pasado a la historia como una de las primeras herramientas para tomar decisiones, que sigue usándose en todo el mundo como parte de lo que venimos a llamar «sentido común»: valorar los pros y contras de cada posibilidad a partir de la información que tenemos disponible antes de decidir qué camino emprender.

El esquema de Franklin parte de la premisa de que cuanta más y mejor información tengamos sobre los elementos beneficiosos y los perjudiciales, más acertada será la decisión, con mayor probabilidad. A más datos, mejor decisión.

Existe una segunda premisa también ampliamente compartida: el convencimiento de que nuestras decisiones se basan en la racionalidad. Somos seres racionales, luego decidimos racionalmente.

La realidad, no obstante, no es ni mucho menos tan sencilla, como Daniel Kahneman, entre otros, se ha ocupado de demostrar.

Las relaciones entre la decisión y la información siguen cursos complejos, en los que elementos como la percepción de la incertidumbre, la aversión al riesgo, la confianza o la experiencia previa desempeñan un papel distinto en cada persona. El volumen y la calidad de la información no bastan: también cuenta la importancia relativa que se dé a cada dato recopilado.

Priestley estaba muy preocupado con acertar en la decisión de si aceptar o no el ofrecimiento de lord Shelburne. No parece, en cambio, que le angustiara demasiado qué hacer con el invento del agua carbonatada. Cuando probó los primeros sorbos, compartió unos tragos con sus amigos, pero solo reparó en las posibles aplicaciones medicinales, no en su comercialización. Ni siquiera lo patentó. En cambio, un relojero suizo y científico aficionado tomó el proceso de Priestley y lo adaptó para poder embotellar esa agua con gas. Gracias a ese nuevo método surgió una empresa que se fundó en Ginebra en 1783: Schweppes, en honor al apellido del inventor, Johann Jacob Schweppe. Dos siglos más tarde, uno aparece en los libros de historia y el otro acompaña la ginebra en los miles de gin-tonics que se sirven diariamente en todo el mundo.

Podríamos decir que tanto Priestley como Schweppe tenían información suficiente para decidir. Es probable que el primero tuviera más datos que el segundo, en tanto que fue él quien primero generó el agua con gas. Por el contrario, fue el segundo quien tomó la decisión acertada con respecto a qué hacer con esa agua. Valoraron de manera distinta la información a partir de su experiencia previa: el pastor unitario tenía una aguda vocación científica y el relojero suizo solo era un aficionado de los avances que a lo que realmente se dedicaba era a su negocio.

Se puede tener mucha información y seguir indeciso o decidir mal. Y se puede tener mucha información que no se sabe cómo procesar ordenadamente, de manera que incluso puede perjudicarnos, aumentando la incertidumbre y, por tanto, nuestro malestar interior por no ser capaces de tomar con seguridad un camino por el que avanzar.

Siempre se ha dado por hecho que la información, en su dosis justa y oportunamente digerida, permite tomar mejores decisiones en todos los ámbitos de la vida: el afectivo, el laboral, el familiar o el deportivo. La desinformación, por contra, deja a las personas sin una de las claves necesarias para decidir con acierto, de manera que, podríamos concluir, no ayuda a tomar decisiones.

La desinformación es, de acuerdo con el diccionario de la Real Academia Española (RAE), «falta de información, ignorancia». También denomina la «acción y efecto de desinformación». Se refiere al hecho de que no haya información suficiente y al hecho de que alguien contribuya activamente a que falte información.

Gracias al caso de Priestley, sabemos que, incluso con toda la información y siguiendo un método racional, la decisión tomada puede no ser la más acertada.

Lo que sí cabe afirmar son dos cosas:

- Las personas informadas se parecen unas a otras, pero cada persona es decidida a su manera. Con los mismos datos, procesados racional y emocionalmente, cada uno sigue un camino distinto.
- Las personas indecisas se parecen unas a otras, pero cada persona desinformada lo es a su manera. El estado de indecisión no procede necesariamente de la falta de unos datos en común, sino más bien de una amplia gama de posibilidades, como la ausencia de datos o de su jerarquización, o la inseguridad con respecto a los mismos.

Estar bien informado significa contar con datos correctos y suficientes para tomar una decisión de entre todas las decisiones correctas posibles. Pero la vinculación no siempre se da.

Estar desinformado es lo contrario: no contar con elementos suficientes para hacerse cargo de todos los pros y contras que Franklin recomendaba considerar antes de tomar una decisión. Pero la experiencia nos demuestra que hay muchas decisiones tomadas con total seguridad que están lejos de sustentarse sólidamente en los datos.

Entre decisión e información hay un enlazador, que somos nosotros mismos y nuestra percepción sobre lo acertado de la decisión y lo fiable de la información, lo cual explica que podamos ser unos perfectos ignorantes y al mismo tiempo muy decididos.

Esta realidad es empírica y se puede comprobar fácilmente incluso en muchas decisiones cotidianas. ¿Por qué me tomo un cruasán más cuando sé que el sobrepeso no ayuda? ¿Por qué vuelvo a comprar este dentífrico, más barato, cuando sé que no me gustó la última vez? ¿Bajo qué criterio decidí no tomar cosas con aceite de palma cuando no he leído ni un solo estudio que certifique que es malo para la salud? ¿Qué hace un cactus junto a mi ordenador? ¿Por qué apuesto si nunca me ha tocado?

Internet y las redes sociales han llevado esta problemática hasta el extremo. Nunca hasta ahora habíamos tenido acceso a tanta información. Pero que estas tecnologías permitan que estemos mejor informados no implica que seamos capaces de tomar mejores decisiones. No obstante, la percepción de tener la posibilidad de acceder a información fiable es una realidad muy extendida: internet nos abre una puerta al mundo.

Al mismo tiempo, hay que admitir que, en algunos aspectos, la tecnología nos ayuda a tomar decisiones que percibimos —la percepción sobre lo acertado— como correctas: conseguimos billetes de avión más baratos; podemos comparar distintos hoteles de montaña, modelos de coche, restaurantes o productos financieros, etc., todo con relativa facilidad. Internet mejora nuestra capacidad de decidir.

Como tecnología pura y dura, el entorno digital (donde conviven webs, Facebook, Instagram, YouTube, Twitter, Whats-

App y en general todo lo que va pasando por la pantalla del móvil) puede usarse bien y mal y está posibilitando simular que estamos realizando la más difícil de las combinaciones: la percepción de estar bien informados y, al mismo tiempo, decidiendo bien.

Nos permite tomar decisiones que percibimos como muy informadas con mucha seguridad. El problema es que el algoritmo no sabe del álgebra moral de Franklin: su función es que las cosas funcionen y que nuestra experiencia sea confortable. ¿Está el algoritmo programado para ayudarnos a tomar la mejor decisión posible con la información clave a la vista? No siempre ni en todos los casos.

Muchas veces, no caemos en la cuenta de que nuestras decisiones están condicionadas no solo por los factores psicológicos de nuestra manera de ser y percibir, sino que los algoritmos también actúan, y a veces de modo decisivo. Y, si no hacemos nada para evitarlo, podemos acabar tomando decisiones sin tener la información cierta, correcta y oportuna, pero con la sensación de que Franklin se quedaría impresionado al ver nuestra puesta en práctica del «álgebra moral».

El fenómeno va incluso un paso más allá: llegamos a decidir partiendo únicamente de la información que confirma el sentido de lo que ya de antemano hemos decidido, porque es precisamente la tecnología que anima las redes sociales lo que automatiza este procedimiento, de manera que lo hacemos sin reflexionar.

Somos capaces de desinformarnos a demanda para poder decidir a placer.

El acto de desinformar suele referirse a la acción de alguien con voluntad de manipular, ocultar o tergiversar determinada información a terceros, una información que no es favorable a quien desinforma. El diccionario de la RAE sugiere que desinformar es «dar información intencionadamente manipulada al servicio de ciertos fines» o bien «dar información insuficiente u omitirla». O sea, el desinformador es alguien que desinforma.

La desinformación se atribuye a Gobiernos corruptos, a corporaciones empresariales que atentan contra el medioambiente, a grupos políticos que desean manipular a la sociedad… Ahora bien, ¿qué ocurre cuando alguien se desinforma a sí mismo? ¿Es eso posible? ¿Podemos autodesinformarnos? ¿Somos así de incautos o estúpidos?

La desinformación es, pues, un fenómeno que admite dos perspectivas: la de los maléficos propagandistas que nos quieren ignorantes de algún dato para así influirnos a su favor, por un lado, y la de la audiencia que, pudiendo acceder sin problemas a información fiable, no la consume, sino que opta por desinformarse de manera más o menos inconsciente.

De esto precisamente trata este libro: de cómo la tecnología y las personas hemos encontrado maneras atractivas y confortables de autodesinformarnos; de desinformar como verbo pronominal: alguien que se desinforma.

Así es: la desinformación en internet va mucho más allá de lo que podrían llegar a imaginar que lograrían los desinformadores profesionales con sus argucias, porque las consecuencias de este fenómeno de desinformación autogenerada son funestas en muchos niveles. Desinformadamente es difícil decidir bien, por más que el entorno digital nos pueda disimular —porque así lo buscamos— lo desastroso de nuestra decisión.

Vista desde ambos lados, la desinformación tiene unas dimensiones gigantescas en lo que se refiere a la frecuencia de casos y a la transversalidad de la afectación. Hay mucho desinformado porque alguien, no uno mismo, ha querido que lo esté, pero hay tanto o más desinformado que se encuentra en esa situación voluntariamente. Las redes sociales han liberalizado el fenómeno, de manera que ahora cada uno se desinforma como quiere.

Las personas informadas se parecen unas a otras, pero cada persona desinformada lo es a su manera. Las personas indecisas se parecen unas a otras, pero cada persona es decidida a su manera.

Si eres un lector informado, sabrás, por ejemplo, que estas dos frases anteriores están tomadas y adaptadas del inicio de la novela *Ana Karenina*, de León Tolstói. Lo más probable es que te suene pero que a lo mejor no seas capaz de reproducir el texto en su exactitud original. En castellano, la traducción más frecuente dice así: «Todas las familias felices se parecen unas a otras; pero cada familia infeliz tiene un motivo especial para sentirse desgraciada».

Pero pudiera suceder que, en lugar de venirte a la mente Tolstói, te confundas y pienses en Dostoievski, por eso de que ambos son rusos y escribían novelas largas; o que te equivoques involuntariamente de título y digas que proviene de *Guerra y paz* y que, en un comentario de pasada, le digas a un tercero: «Mira, este libro empieza igual que *Guerra y paz*, de Dostoievski». Bingo: estás desinformándote y desinformando a terceros.

Pudiera suceder que, para salir de dudas, consultaras por WhatsApp al sabiondo del grupo, buscaras la frase en Google o pidieras ayuda en Twitter. Si además dominaras el inglés, buscarías cómo se ha traducido a esa lengua. Y el no va más sería consultar en un foro de rusohablantes. Probablemente tampoco las respuestas serían idénticas, y contarías tanto con la oportunidad de informarte bien como con el riesgo de desinformarte todavía más.

La decisión de asignar la frase a Tolstói o a Dostoievski no tiene muchas consecuencias más allá de la satisfacción de conocer este referente y haber disfrutado de su lectura. No obstante, la sencilla operación de verificación de la respuesta plantea un camino de posibles desvíos que proyectan el fenómeno de la desinformación como algo mucho más frecuente e irreflexivo de lo que a primera vista se podría imaginar. Entre otras cosas, porque no disponemos del tiempo que tenían Priestley y Franklin para valorar los pros y contras.

¿Cómo saber si corro el riesgo de acabar desinformado? ¿Soy vulnerable a este fenómeno?

La respuesta a lo segundo, muy probablemente, es afirmativa. Nos desinformamos con mucha facilidad y de modos muy diversos.

El objetivo de las páginas que siguen es ayudar a identificar los hábitos que nos convierten en desinformadores o a quienes nos hacen más vulnerables a la desinformación de otros en el entorno digital.

Se describen siete hábitos de personas desinformadas: el cuñadismo, la incredulidad crédula, la indecisión crónica, la ansiedad informativa, el confusionismo relacional, el activismo visceral y la precariedad informativa.

Todos representan un estilo de consumir información que en las redes sociales se traducirá, con alta probabilidad, en un acto de desinformación. No son compartimentos estancos, «los estilos pueden mezclarse y formar híbridos», pero se separan para comprenderlos mejor y aprender a identificarlos y contrastarlos. Al mismo tiempo, en una misma persona se pueden dar uno o varios de forma simultánea o en distintos momentos o en relación con temas diferentes. Es decir, una persona puede aplicar todo su criterio para separar el grano de la paja en información económica pero, en cambio, ser incapaz de detectar un bulo cuando el tema de conversación es la tecnología o la política, por decir dos casos al azar. Todos tenemos un desinformador dentro.

Este no es un libro para eruditos o estudiosos de la comunicación. Está pensado para ser útil a todos los públicos, desde los expertos en redes sociales y profesionales de la gestión de cuentas en Twitter hasta aquellas personas que solo visitan las webs de la prensa de toda la vida.

Otro objetivo es proporcionar herramientas prácticas para contrarrestar la desinformación. Como todas las personas informadas son muy parecidas, en realidad solo tienen un hábito fundamental en común: la precariedad informativa, que se presenta como el séptimo de los hábitos de las personas desinformadas. Lo es, pero, al mismo tiempo, es el hábito que comparten todas las personas que están informadas… en la medida de las posibilidades que una persona tiene de estar informada. Puesto que nunca habrá una persona completamente informada, las personas informadas como se las conoce popularmente son aquellas que saben que están desinformadas y toman medidas para no dejarse engañar por la desinformación y para minimizarla tanto como sea posible.

Sea como fuere, hay que evitar el espejismo de creer que, como hemos consultado muchas cosas en internet, estamos lo suficientemente informados como para tomar buenas decisiones.

Hábito 1

El cuñadismo

Quizás alguna vez hayas recibido un mensaje de correo electrónico informándote de que un pariente lejano te ha dejado en herencia una gran fortuna en un país en el que nunca has estado. Viene de parte de alguien que no conoces, pero con quien compartes apellido y que quiere que tú te quedes toda la riqueza amasada en aquel remoto lugar.

A veces no se trata de una cuantiosa herencia. A veces la carta recibida inesperadamente es un aviso de que has ganado un sorteo para el que nunca compraste un boleto.

Puede ser, incluso, que alguien te pida ayuda para realizar una transacción millonaria para poder sacar un dinero de una zona en conflicto y que en compensación por la ayuda te promete una parte sustancial del pastel.

En los tres supuestos se repite el mismo esquema: nos ofrecen una información clave desconocida, nos piden algo que aparentemente es un mero trámite y a cambio nos ofrecen una ganancia tan inesperada como bienvenida.

Pero los tres tienen otra cosa en común: son estafas.

El timo tiene lugar a partir de nuestra respuesta. Lo «único» que nos pide el remitente es muy fácil de hacer. Suele requerir algunos datos bancarios personales, o bien ingresar una pequeña cantidad en una cuenta suya de manera que pueda pagar las costas de los trámites necesarios para hacer efectivo el pago.

Ejemplos hay muchos. La empresa de seguridad informática Kaspersky recuperó una de las modalidades más hilarantes: el caso del primer astronauta africano. El texto para el potencial estafado dice así:

Asunto del mensaje: Un astronauta nigeriano necesita tu ayuda

Dr. Tunde Bakare
Gerente de Proyecto de la Agencia Nacional de Investigación y Desarrollo Espacial (NASRDA)
Parcela 555 Misau calle PMB 437
Garki, Abuja, NIGERIA

Estimado Señor:

SOLICITUD DE ASISTENCIA ESTRICTAMENTE CONFIDENCIAL

Soy el Dr. Tunde Bakare, el primo del Astronauta Nigeriano, el Mayor de la Fuerza Aérea, Abacha Tunde. Él fue el primer africano en llegar al espacio cuando hizo un vuelo secrcto a la estación espacial Salyut 6, en 1979. También estuvo en un vuelo espacial soviético posterior: Soyuz T-16Z a la estación militar soviética secreta espacial Salyut 8T, en 1989.

Él se quedó varado allí en 1990, cuando se disolvió la Unión Soviética. Los miembros soviéticos de la tripulación regresaron a la tierra en la Soyuz T-16Z, pero su lugar fue ocupado por el retorno de la carga. Ha habido vuelos ocasionales de suministros para mantenerlo con vida desde ese tiempo. Él está de buen humor, pero quiere volver a casa.

En los 14 años que ha pasado en la estación, ha acumulado casi $ 15.000.000 de dólares americanos. Este dinero está puesto en un fideicomiso en la Asociación Nacional de Ahorro y Confianza de Lagos. Si somos capaces de obtener acceso a este dinero, podremos pagarles a las autoridades espaciales rusas para un vuelo de regreso desde Soyuz para traerlo de vuelta a la Tierra. Me han dicho que esto va a costar $ 3.000.000 dólares americanos. Ahora bien, para poder acceder a su fondo fiduciario necesitamos su ayuda.

En consecuencia, mis colegas y yo estamos dispuestos a transferir el importe total a su cuenta, ya que los funcionarios civiles tenemos prohibido por el Código de Conducta Bureau (La ley de Servicio Civil) abrir y operar cuentas en el extranjero bajo nuestros nombres.

No hace falta aclarar que la confianza que depositamos en usted en este momento es enorme. A cambio, nos comprometemos a ofrecerle el 20 por ciento de la suma transferida, mientras que el 10 por ciento se destinará a gastos imprevistos (interna y externos) entre las partes en el curso de la operación.

Le pedimos amablemente poder agilizar la acción ya que estamos retrasados para incluir el pago inicial en este trimestre financiero.

Por favor, acusar el recibo de este mensaje a través de mi número directo 234 (0) 9-234-2220.

Atentamente,

Dr. Tunde Bakare, Gerente de Proyecto Astronáutico[1]

Cuando se responde, el timo puede ir avanzando con pequeñas cantidades y durar tanto como permita la ingenuidad de la víctima. El dinero prometido por los estafadores nunca acaba de llegar, porque siempre hay trámites de última hora que requieren de la víctima de la estafa que haga un nuevo ingreso en su cuenta. Lo pernicioso de la cuestión es que no podemos decir nada a nadie, porque la fortuna es tan impresionante que no puede salir a la luz. El estafado no se para a pensar en si hay algún otro familiar que podría haber recibido esta herencia en su lugar: nada de hablar con primos, hermanos o tíos, no vaya a ser que alguien se acuerde del tío que se fue a Nigeria cuando aún había cartillas de racionamiento. Somos el listillo y no podemos exponernos.

Es un clásico, «el timo de las cartas nigerianas». La expresión «cartas nigerianas» surge de la nacionalidad de buena parte de dichos estafadores. También se conoce como «timo 419», en alusión al artículo del Código Penal nigeriano que infringe, donde se afirma que «toda persona que, con una falsa pretensión y con la intención de defraudar, obtenga de otra persona cualquier cosa que pueda ser robada, o induzca a otra persona a entregar a cualquier persona cualquier cosa que pueda ser robada, es culpable de un delito grave».[2]

Durante la guerra de Irak, los correos hacían alusión a botines logrados en los antiguos palacios de Sadam Huseín. Según Ultrascan AGI, España era la base de operaciones de 49 bandas de estafadores especializados en este timo, sumando un total de más de 1.000 personas. Por lo que respecta a las víctimas, la misma institución estimaba que en 2013 empresas y particulares habían perdido en España 395 millones de dólares.

Entre 2003 y 2010, la policía había llegado a detener a 600 personas. Más recientemente, en junio de 2018, la policía informó de la detención de diez personas entre Madrid, Murcia y Málaga que se dedicaban a la estafa mediante cartas nigerianas usando internet y redes sociales. La investigación empezó por una denuncia de la Europol. En total, habían conseguido 6 millones de euros. Han sido identificadas unas 40 víctimas de 17 nacionalidades en cuatro continentes diferentes. En opinión del Ministerio del Interior, se trataba de la banda mejor organizada. El líder se encontraba en Nigeria. Con estas detenciones se culminaba una operación por fases que ha supuesto 48 detenidos y 18 investigados. La policía describe así el *modus operandi* de los delincuentes:

Los miembros de la organización buscaban a sus posibles víctimas a través de redes sociales, estudiaban sus perfiles y elaboraban engaños individualizados para conseguir atraer a estas en busca de una fortuna que conseguirían por ayudar a un amigo, por su buena voluntad o un golpe de suerte. Los cabecillas de la red asentados en Nigeria conseguían los datos de las posibles víctimas a través de la compra de listados de víctimas o ingeniería social. Una vez captadas las posibles víctimas mediante el envío de correspondencia —postal o electrónica— o a través de redes sociales, los estafadores solicitaban su colaboración para recuperar un bien al que por diversos inconvenientes no podían acceder directamente. La argucia utilizada era distinta dependiendo del tipo de víctima, como haber sido agraciado con un premio en la lotería, haber resultado ser beneficiario de una cuantiosa herencia o algún negocio muy rentable, entre otros.

Cuando obtenían respuesta por parte de los potenciales estafados, los nigerianos se ponían en contacto con los miembros de la red asentados en España y les pasaban los datos de la víctima para que continuaran ellos con el engaño. Estos les solicitaban la realización de diversos pagos, en conceptos varios, como tasas aduaneras, pago de minutas a abogados y notarios o pago de impuestos.

En el momento en el que la víctima ya había realizado varios pagos y comenzaba a sospechar, le proponían incluso venir a España para ver en persona su dinero y así reforzar el convencimiento que de que se trataba de un negocio rentable y por el que merecía la pena seguir desembolsando dinero. Si la víctima venía a nuestro país, los miembros de la organización la recogían en el aeropuerto, la acompañaban a alguna oficina para representar una firma de documentos y les mostraban, previo pago de una cantidad en concepto de garantía, cofres llenos de billetes. Durante los viajes a España se han identificado víctimas de Japón, Estados Unidos, Eslovenia, Rusia, Polonia, Libia, Gran Bretaña, Canadá, Italia, Suecia, Francia, Suiza, Arabia Saudí, Alemania, Turquía, Brasil y China. En su mayoría personas de un elevado nivel económico y educativo.[3]

Antes de la globalización, a este tipo de estafa se la llamaba «procedimiento del entierro». Es lo que hacía un tal Francisco Valdunciel Castro, natural de Cabeza de Bellosa (Salamanca), que, en octubre de 1883, en Madrid, fue sorprendido por la autoridad cuando escribía una carta en francés a un ciudadano acomodado que residía en Egipto. En la carta, explicaba una crónica del momento, «se decía que el firmante había servido en la guerra anglo-egipcia a las órdenes de un general turco, y que poseía grandes riquezas y tesoros escondidos en dos arcas que se hallaban enterradas en Francia, las cuales él no podía recuperar por hallarse en la cárcel de Madrid». Si el consignatario le pagaba una gran suma, «el remitente le revelaría el sitio seguro donde se hallaba el tesoro».[4]

Una estafa, en suma.

Esta, como tipo de delito, tiene una característica singular: siempre necesita de la colaboración del estafado para que llegue a término. En algún momento del proceso, la víctima va de enterada, de listilla, y quiere aprovecharse de una circunstancia desconocida por los demás y que le proporciona una ventaja y unos beneficios significativos. La información manejada entre ambos conlleva una desorientación que provoca una decisión errónea, con pérdidas económicas más o menos cuantiosas.

La estafa es, pues, un delito donde la información ha sido trucada para beneficiar, aparentemente, a una sola de las partes, la débil y la que además proporciona la ganancia de modo voluntario. En el momento previo a la estafa, siempre hay una información en poder de la víctima que la hace sentir importante, exclusiva, afortunada… ¿A quién no le gusta saber que ha sido agraciado con una fortuna, o que tiene la posibilidad de obtener un dinero rápido de modo fácil y seguro? Y, más aún, ¿a quién no le gusta saber que ha sido él y no otro el agraciado?

El listillo, además, acepta entrar en el mecanismo de la estafa porque confía en que en un futuro próximo podrá contar a su círculo de relaciones lo inteligente que fue aprovechar esa oportunidad única y que solo él supo jugar en su favor. Hay ganancias por todas partes: antes, durante y después.

El final de la historia ya lo sabemos. No hay ningún primo nigeriano, ninguna fortuna escondida, ningún astronauta que se han olvidado orbitando ni ninguna importación de dinero.

Cuando el estafado cae en la cuenta de la tomadura de pelo de la que ha sido objeto, se agarra un gran enfado, pero se calla: se enfrenta a la vergüenza de tener que dar explicaciones, de hacer el ridículo. «Esto te pasa por ir de listillo», le dirían.

Un listillo es un potencial desinformado. El punto débil del listillo como persona vulnerable a la desinformación ya se describió hace mucho tiempo. La unidad de los servicios secretos británicos especializada en la desinformación por rumores falsos era muy consciente de esta realidad, y explotaba este aspecto de la psicología para fomentar la difusión de sus invenciones entre la población: «La esencia del rumoreo es que tú sabes lo que nadie más sabe, y quieres que todo el mundo sepa que tú sabes lo que ellos no saben; esta debilidad humana debe ser explotada por el rumoreador profesional».[5]

En el caso de las cartas nigerianas, el estafador no quiere que lo cuentes, sino que pagues. El rumoreador quiere que te creas su rumor y luego lo difundas convencidamente. Pero, en el fondo, tanto el estafador como el rumoreador tratan de tocar la misma tecla: la vanidad que genera poder contar con información exclusiva.

Es la atractiva sensación de estar en el ajo.

Eso, informativamente hablando, es la clave mucho más allá de la mera vanidad. Tener información fiable puede ayudar a decidir sobre una inversión, o a vender unas acciones en el momento adecuado en la bolsa, o apostar a caballo ganador en una decisión profesional.

Pero pocas veces la misma persona está en varios ajos a la vez o está siempre en todos los ajos posibles. Cuando esto sucede, muy raramente, se dice que esa persona es muy afortunada.

Por lo difícil que es conseguirlo, lo de estar en el ajo cotiza alto: genera una sensación muy satisfactoria y también con grandes recompensas psicológicas. Los creadores de contenido para redes sociales y medios digitales se han dado cuenta del potencial de atracción que tiene tal sensación y han desarrollado un modo de presentar la información para que la gente pique: lo que leerás a continuación es clave si quieres estar en el ajo.

Comúnmente, a la disciplina —por llamarlo de algún modo— de presentar los titulares con idea de tocar principalmente dicha tecla se la conoce con el anglicismo *clickbait*, o ciberanzuelo. Se trata de formular los titulares de las noticias de forma sensacionalista para generar más visitas y así obtener más ingresos publicitarios. «Las 30 cosas que debes saber antes de los 30», «Los 8 trucos para ser el mejor futbolista», «La sensacional imagen que está conmocionando a todo el país», «El sorprendente giro de la vida de tal», «Le pidió matrimonio y lo que sucedió después te sorprenderá», «La verdad definitiva sobre el caso que dio la vuelta al mundo», «Las claves del éxito de Pascual»… De forma general, los titulares de este tipo acaban siendo antititulares: si lo normal es que un titular dé la máxima cantidad de información con el mínimo número de palabras, el *clickbait* da el mínimo de información… con independencia del número de palabras. Lo que importa es que cliques, porque lo que sucederá después te sorprenderá.

El *clickbait* tuvo su momento de gloria hace algunos años. De un tiempo a esta parte parece que se está moderando, pero continúa estando presente en numerosos medios y redes, y afecta tanto a cabeceras consolidadas como a foros y blogueros no profesionales.

Así, por ejemplo, podemos buscar en Google «lo que no quieren que sepamos» y aparecerán resultados como estos:

52 Secretos que no quieren que sepas - Info - Taringa! (30 nov. 2011)

Lo Que No Quieren Que Sepas | Información Para Mentes Despiertas (7 abr. 2016)

Los 21 secretos tecnológicos que no quieren que sepas — ABC.es (6 abr. 2010)

O bien «las 10 cosas que», y descubrimos:

10 COSAS QUE NO SABÍAS PARA QUÉ SIRVEN — YouTube (4 oct. 2016)

Las 10 Cosas que Tendrás que PASAR antes de Tener ÉXITO… — YouTube (8 dic. 2017)

10 COSAS QUE EL 99% DE LOS HUMANOS NO PUEDEN HACER — YouTube (22 ago. 2017)

10 Cosas que no se usan como llevas haciendo toda la vida — As.com (26 jul. 2016)

Nótese el uso de las mayúsculas: estar enterado te proporciona ÉXITO. ¿Quién no quiere tener éxito?

Bien. ¿Y si doblamos la apuesta? De 10 a 20:

20 cosas que no sabías hace 5 minutos — YouTube *(9 nov. 2016)*

20 cosas que no sabías (que no sabías) — YouTube *(31 may. 2017)*

20 cosas que solo pasaron una vez en la vida — YouTube *(9 jul. 2018)*

El éxito del estímulo de la vanidad por ser el primero en saber algo, o el más enterado, es muy notable, porque permite conocer alguna cosa con cierta exclusividad sobre infinidad de asuntos, obtener respuestas a preguntas vitales que nunca antes te habías hecho, y sentir interés por personalidades y temáticas de las que nunca antes habías oído hablar. Para combatirlo, por cierto, hay cuentas en Twitter que ofrecen el titular comentando el enlace, para que no sea necesario hacer clic.

Quizás este estímulo de la curiosidad y esta potencial capacidad de saber de todo y de nada a la vez sean dos de los factores que expliquen el auge de la figura del listillo en la escena española, tanto en el ámbito digital como en la vida real y la opinión pública. El diccionario tendría incluso que incorporar un nuevo significado a un término ya existente. Me refiero a «cuñado», concepto que debería ser sinónimo de «enterado». Y cuando hacer el cuñado se convierte en hábito hablamos de «cuñadismo».

La Fundación del Español Urgente (Fundéu) recogía en diciembre de 2016 esta nueva acepción, que desplaza el término de su acepción más cercana al amiguismo para definirlo como «actitud de quien aparenta saber de todo, habla sin saber pero imponiendo su opinión o se esfuerza por mostrar a los demás lo bien que hace las cosas».[6] Antes de que se popularizara «hacer el cuñado», esta actitud era ir de enterado, o sea, aquel «que presume de saber mucho de algo», o ser un listo, aquel «que presume de saber o estar enterado de todo».

En efecto, el cuñadismo es esa tendencia a opinar sobre cualquier asunto queriendo aparentar ser más listo que los demás o tener más información que el vecino.

¿Sería posible explicar el auge del cuñadismo sin la existencia de internet y las redes sociales? Por la extensión y la profundidad del fenómeno, es difícil no ver una conexión clara.

«Listo», en su acepción despectiva (también listillo), es el término para definir a aquel que es «hábil para sacar beneficio o ventaja de cualquier situación». El listillo tiene en común con el cuñado y con el enterado que quiere gestionar la información para obtener un provecho personal. Busca manejar datos que no tengan los demás para obtener alguna ventaja. En el mercado de la información es el que busca compulsivamente la exclusividad y la primicia al precio que sea. La novedad es el factor clave en la toma de decisiones. La información, si es nueva, especialmente en nuestro ámbito de relaciones, es buena.

De ahí que los cuñados, enterados y listillos sean las primeras víctimas de las estafas informativas que se generan en las redes sociales.

El cuñadismo en internet es una forma de navegación caracterizada por dos tipos de acciones secuenciales: primero, la lectura superficial del titular de una noticia y, segundo, la difusión casi inmediata en términos contundentes de esa información, añadiendo el protagonismo personal: «Ya decía yo…», «Ya sabía yo…», «Mira de lo que me he enterado…», «A que no sabes qué es lo último…», etc.

Un estudio de la Universidad de Columbia, publicado en 2016, detectó que el 59 % de los enlaces que los usuarios compartían en las redes sociales no habían sido clicados por esos mismos usuarios y, por tanto, presumiblemente tampoco leídos.[7] Arnaud Legout, uno de los autores, comenta al respecto: «Este es un consumo de información moderno típico. Las personas se forman una opinión basándose en un resumen, o un resumen de resúmenes, sin hacer el esfuerzo de ir más a fondo».

Un portal satírico de noticias publicó un bloque de texto falso[8] (el clásico *lorem ipsum* que usan los programas de texto a modo de relleno) encabezado por este titular: «Estudio: el 70 % de los usuarios de Facebook solo leen el titular de los artículos de ciencia antes de comentar».

BREAKING NEWS
New poll shows "Karen" from Facebook more credible than CDC, FDA, WHO

The Science Post
Science, Health, Safter.

TRENDING #Mercury #Space #Monsanto #Trump

HEADLINES arma manages to keep cure for cancer secret for another year   Study

News   Vaccines   Conspiracy   Alt Med   Food   Big Pharma   Space

🏠 Home   Contact   Support

News

Study: 70% of Facebook users only read the headline of science stories before commenting

By SP Team on March 5, 2018

LIKE US ON FACEBOOK

The Science Post
49,129 likes

📕 Like Page   ✏ Sign Up

Be the first of your friends to like this

MOST SHARED POSTS

New law makes it legal for atheist doctors and nurses to refuse care t...
◄ 243.1k Shares

Outbreak of Dunning Kruger Disease spreads to all 50 states....
◄ 201.1k Shares

CDC releases new list of vaccine side effects: old age, grey hair, top...
◄ 129.6k Shares

Hospital to replace doctors with parents who have done their research...
◄ 116.1k Shares

Breaking News: Trace amounts of Covfefe found in childhood vaccines...
◄ 104.7k Shares

71.8k SHARES   f Share   🐦 Tweet

NEW YORK, NY – A recent study showed that 70% of people actually never read more than the headline of a science article before commenting and sharing. Most simply see a headline they like and click share and make a comment. A recent study showed that 70% of people actually never read more than the headline of a science article before commenting and sharing. Most simply see a headline they like and click share and make a comment.

Lorem ipsum dolor sit amet, consectetur adipiscing elit. Nullam consectetur ipsum sit amet sem vestibulum eleifend. Donec sed metus nisl. Quisque ultricies nulla a risus facilisis vestibulum. Ut luctus feugiat nisl, eget molestie magna faucibus vitae. Morbi luctus orci eget semper fringilla. Proin vestibulum neque a ultrices aliquet. Fusce imperdiet purus in euismod accumsan. Suspendisse potenti. Nullam efficitur feugiat nibh, at pellentesque mauris. Suspendisse potenti. Maecenas efficitur urna velit. ut gravida enim vestibulum eu.

El *post* se compartió decenas de miles de veces…, 71.800 en el momento de escribir estas líneas. ¡Y estaba escrito con *lorem ipsum*!

En este caso, curiosamente, no ha sido necesario que funcionara el *clickbait* tan siquiera. Bastó lo llamativo del titular para que muchos se lanzaran a compartir la noticia.

El cuñado digital es vulnerable a las informaciones exclusivas y a los titulares llamativos. Lo que lo convierte en una audiencia particularmente atractiva para los desinformadores es su facilidad para compartir un recurso que las redes sociales —Twitter y Facebook principalmente— han hecho posible. La compartición puede ir acompañada de un comentario: «Como veis…», «Ya os dije que la cosa se ponía fea…», «Injusticia», «Parece mentira…» o algo por el estilo.

Entre las posibles trampas en las que el cuñado digital caerá existe una que tiene mucho éxito y atractivo principalmente entre los periodistas. Se trata de las filtraciones de datos privados, esas noticias que se refieren a algo confidencial y que salen a la luz, conocidas por personas que se supone que no deberían tener acceso a esa información. A pesar del enorme atractivo de las filtraciones, o precisamente por esto, son uno de los recursos más habituales de desinformación. La exclusividad pesa tanto que la gente no suele verificar la información.

Fácilmente se olvida que quien filtra tiene unos motivos que el lector desconoce, y que antes de dar crédito a una filtración conviene tener claros los motivos: ¿qué se quiere ganar?, ¿se da una información al público en servicio de la verdad, o para perjudicar maliciosamente a alguien?

Conviene, de hecho, ser muy consciente de que una filtración casi nunca es total, sino parcial: nos llega parte de la información, la que interesa dar a conocer. ¿Y lo que se desconoce? En periodismo se solían investigar bien las filtraciones antes de darlas por buenas. Es conocido el caso más o menos reciente de la supuesta cuenta en Suiza del político Xavier Trias, filtración —procedente de una opaca unidad policial— que salió a la luz cuando este se enfrentaba a su reelección como alcalde de Barcelona. El tema circuló por diversas redacciones de la prensa de Madrid: el especialista en la materia del *ABC* consideró que la filtración no era fiable y no la publicó. En cambio, los periodistas que trabajaban en *El Mundo* que recibieron la llamada del filtrador sí la publicaron.

Al final se demostró que la información era falsa.

En las redes sociales, gracias a los cuñados, convivimos con filtraciones de modo habitual: parciales, interesadas y poco fiables. Funcionan porque conectan con la predisposición del público a compartir lo sensacional, lo rompedor, lo nuevo y lo exclusivo. La línea entre lo oficial, lo extraoficial, lo oficioso y lo directamente privado se diluye. Si el cuñado no tiene capacidad crítica suficiente, no advierte que algunas construcciones gramaticales que inspiran mucha credibilidad funcionan como envoltorio de filtraciones muy desinformantes: «Según confirman fuentes conocedoras...», «Un alto cargo habría confirmado...», «El hermano del portero del edificio...», «Un testigo presencial de los acontecimientos...», etc. Todas introducen datos exclusivos que hacen que prestemos atención pero que son imposibles de verificar.

Si el cuñado es vulnerable a la información exclusiva —que, por definición, escasea— es porque desea ser el primero y ganar protagonismo —consciente o inconsciente— en la conversación: quiere ser el enterado del grupo.

Pero pudiera ocurrir también lo contrario: que fuera el último en enterarse. Hay miedo a quedarse fuera del ajo. La exclusividad, por ausencia o por presencia, genera un estatus social en la propia red de amistades. Estar en el ajo genera una sensación directamente proporcional al miedo a ser el único que se queda fuera de onda. Quien ansía ser el primero teme sobremanera quedar el último. Y esto ocurre cuando consumimos información.

Esta ansia lleva a uno a ser capaz de aceptar acríticamente una información porque, si no —tiene esa impresión—, se quedará fuera del grupo. Pero va más allá de la mera información. También hay un miedo —incluso mayor— a quedarse fuera de las experiencias que los demás están compartiendo por las redes.

A este fenómeno psicológico se lo denomina FoMO, de las siglas en inglés *fear of missing out* (miedo a quedarse fuera del mundo en línea). Es «una aprensión generalizada de que otros podrían estar teniendo experiencias gratificantes de las cuales uno está ausente», que se caracteriza por «el deseo de mantenerse continuamente conectado con lo que otros están haciendo».[9] Este miedo explica consumos intensivos de redes sociales. Pongamos, por ejemplo, los viajes, en los que durante unas horas (por el trayecto de avión, por ausencia de puntos de carga de batería, por travesías largas con autobuses sin wifi…) nadie puede acceder a su perfil de

Instagram. En cuanto surge la primera oportunidad de conectarse, se observan distintas reacciones: algunas personas tienen conversaciones de WhatsApp a medio contestar o quieren publicar algún *post* contando algo; pero hay también otras personas que lo primero que hacen, de modo casi instintivo y automatizado, es entrar al *timeline* para ver qué están haciendo los demás mientras ellos se encuentran fuera, o, más aún, repasar todas las *stories* de Instagram, que caducan a las 24 horas. El objetivo de ese consumo ¿era obtener información factual concreta? No: es satisfacer una necesidad psicológica.

Este consumo compulsivo de redes provocado por el simple miedo a quedarse fuera puede degenerar en cierta dependencia o adicción, similar a la que genera el mono de tabaco: una sensación de ansiedad que, psicológicamente, se atribuye al tiempo que hace que uno no se fuma un cigarro y que acabará con un nuevo pitillo que calme la situación. Más allá del componente físico que interviene en este caso —la nicotina genera dependencia—, el componente psicológico es, en muchos casos, determinante.

Cuando dejé de fumar, recuerdo que leí un libro que proponía la siguiente metáfora: calmar el mono de fumar encendiendo un nuevo cigarro es como darse golpes en la cabeza contra una pared para mitigar el dolor de cabeza. Parece absurdo, ¿verdad? Lo cierto es que, si te golpeas sucesivamente una zona dolorida, puedes llegar a insensibilizarla, aunque cada golpe empeorará la situación y te alejará más de la recuperación. A más golpes, peor estará la cabeza. Lo mismo ocurre con el tabaco o con el FoMO. A más pitillos, o a más consultas compulsivas del *timeline*, mayor dependencia de lo uno o de lo otro.

En mayo de 2017, un estudio de la Universidad de Cambridge y la Royal Society for Public Health calificaba Instagram como la peor red social para la salud mental de los jóvenes.[10] El FoMO era uno de los cinco potenciales efectos negativos de las redes para la salud (los otros cuatro eran ansiedad y depresión, trastorno del sueño, insatisfacción con el propio cuerpo, y acoso). Los resultados se obtuvieron a partir de una encuesta a 1.479 jóvenes de entre 14 y 24 años de todo Reino Unido. Esta muestra calificó la influencia especialmente negativa de Instagram y de Snapchat en el trastorno del sueño y en el FoMO. La valoración de las demás redes sociales —siempre desde el punto de vista de los efectos sobre el bienestar psicológico y sobre la información de salud de que se dispone— tampoco era muy estimulante: solo YouTube obtenía una valoración neta positiva.

Una de las consecuencias del FoMO es que se genera una manera de consumir información —en este caso, principalmente, datos sobre la vida de nuestros contactos en las redes sociales, sean amigos, conocidos o saludados— que es problemática desde su raíz. En concreto, hay un sesgo inicial: me deja de interesar lo que hagan mis amistades y cada vez más lo que me interesa de verdad es lo que hacen sin mí, por el simple hecho de que yo no estoy. Esta restricción mental hace que filtremos la realidad que los demás viven desde un punto de vista centrado exclusivamente en mi propio interés por si me tienen o no en cuenta. Y como lo común y corriente es que las personas que nos rodean no estén lamentando nuestra ausencia cuando se da el caso —es decir, que cada uno vive su vida—, ese sesgo inicial es una fuente de posibles desconfianzas e interpretaciones desinformantes.

Aunque no falte caricatura en esta descripción, lo cierto es que el fenómeno de estudiar minuciosamente las experiencias de otros en las redes y las posteriores espirales de envidia es parte del paisaje social digital. Porque los problemas de información provocados por el FoMO no acaban en la dificultad para interpretar bien las experiencias de los demás, pues solo nos importa el hecho de que nosotros estamos ausentes. Dado que experimentamos esta sensación de quedarnos o no fuera, la manera de publicar y compartir experiencias se plantea previendo que otros puedan hacer este tipo de interpretaciones bajo el efecto del FoMO.

Dicho de otro modo: si sé que van a juzgarme por cómo me lo estoy pasando sin alguien, que ese alguien piense que me lo estoy pasando bien. Cuando esto se mantiene en el tiempo, a golpe de nuevas publicaciones en las redes que refuerzan, matizan o remarcan una forma de pasárselo bien donde solo pensamos en lo que puedan decir, uno puede acabar construyéndose un ego digital muy distanciado del real; un ego en las redes que está siempre feliz, con una vida llena de experiencias exclusivas y apasionantes…, cuando en realidad la vida de todos es bastante similar. Tan similar como es la manera de esconder la realidad. ¿Quién no ha experimentado la sensación de entrar en una red social y ver que, en realidad, casi todas las vidas que se muestran son iguales, con las mismas experiencias exclusivas y los mismos momentos apasionantes?

Esto, que es obvio a poco que se observe desde cierta distancia o en otras personas cercanas, es difícil de detectar cuando el afectado es uno mismo.

Y así, curiosamente, se puede acabar validando una información falsa —«Qué bien que se lo pasan aprovechando que no estoy»— partiendo de unos datos ciertos —unas fotos donde sonríen—, pero no necesariamente por el motivo que nosotros atribuimos (nuestra ausencia), sino por otros, que pueden ir desde el hecho de que la sonrisa es un gesto manifiesto de un estado interior de felicidad hasta la postura impostada por el simple motivo de que «es como hay que salir en las fotos del Insta». El colmo puede ser reaccionar a estos estímulos como si fueran ciertos: enemistarse con otras personas… por algo que a lo mejor no ha existido nunca.

Esta es una manera de hacer el primo: nos hemos dejado engañar porque no hemos comprendido bien la información recibida, ya que estábamos demasiado pendientes del ansia por no quedarnos fuera.

¿Cómo contrarrestar este comportamiento desinformador del cuñadismo? El hábito que mejor lo combate tiene que ver más con el quién que con el qué. En el cuñado, la cosa va de egos, no de datos. Los datos que se comparten son útiles para un fin más importante: los beneficios que promete la carta nigeriana, despertar el interés ajeno compartiendo una exclusiva o evitar quedarnos fuera, entre otros.

Por eso, el internauta afectado de cuñadismo de entrada será poco proclive a contrastar los datos. En cambio, estará más dispuesto a poner la atención en quién es la fuente de la información que está compartiendo, por un motivo muy sencillo: por muy cuñado que sea uno, nadie desea ser víctima de un estafador, que, en este caso, es la fuente que proporciona la información falsa, parcial o engañosa.

Las fuentes de información creíbles, y por tanto las que merecen nuestra confianza, tienen dos factores que se repiten siempre: son personas, instituciones o medios que 1) saben de lo que hablan y 2) están en disposición de decir todo lo que saben sin esconder aquello que no les favorezca. En otras palabras, son expertos en la materia y son fiables. Los estafadores siempre intentan aparentar lo uno y lo otro.

Ser experto es una etiqueta que precede a innumerables titulares de los medios de comunicación: «Según los expertos de tal universidad…», «Según el experto tal…», «Según el catedrático…», «Según el premio Nobel…», «Según el científico…», y así. Es tan común que parece que hay expertos en casi todo. Los estafadores informativos suelen presentarse como expertos en cosas. Lo que debemos hacer es intentar averiguar si son expertos en la materia que están tratando. Porque lo interesante del caso, y esto afecta tanto al internauta más ingenuo como al periodista, es que, con mucha frecuencia, el experto opina de un tema que no es de su especialidad.

El segundo factor es la fiabilidad. ¿Me proporciona esta fuente todo aquello que honradamente está en disposición de decirme? Es preciso evaluar los costes de las afirmaciones. Que las cosas sean como dicen que son ¿favorece o perjudica a quienes las afirman? Que Coca-Cola, por poner un caso, publicara un estudio diciendo que su producto es bueno para la salud no tendría el mismo efecto sobre la credibilidad de la audiencia que si el estudio dijera lo contrario.

Hay muchas fuentes que no son fiables porque no son libres: son la voz de una parte interesada. Cuando esto se da, no se trata de desconfiar de ellas, sino de buscar la contraparte, de oír la otra campana.

Al mismo tiempo, hay fuentes que pueden ser expertas y fiables en un tema, pero unas perfectas paletas en otros. Distinguir esto es para nota, y lo saben los estafadores, que durante años se han escudado en másteres y cursos de posgrado para manifestar sus capacidades. Aquel máster de la expresidenta de la Comunidad de Madrid, Cristina Cifuentes, que no era tal; o el currículo mejorado del actual líder del PP, Pablo Casado, en el que un curso de unos pocos días en Aravaca se convertía en estudios en Harvard; o el doctorado del mismo presidente del Gobierno, Pedro Sánchez, cuya tesis final no estaba accesible, como la del resto de los ciudadanos que tenemos un doctorado, son solo tres ejemplos de lo que pueden llegar a hacer los políticos por construirse una aureola de experto.

Desde el punto de vista de la capacidad de contrarrestar la desinformación, no es bueno dejarse impresionar por los títulos. Conviene, en cambio, buscar la correspondencia de la temática entre, por un lado, el nombre del título en cuestión (máster de qué, doctorado sobre qué cuestión, grado en qué materia, etc.) y, por otro, las afirmaciones que realiza quien ostenta el título.

Cuando el experto no reivindica el valor de los títulos para tener credibilidad, sino la proximidad con los hechos —por ejemplo, alguien que habla en primera persona como testigo de los hechos—, cabe exigir pruebas que demuestren que estuvo allí.

Existe un tercer factor cuando evaluamos la credibilidad de alguna fuente en internet. Se trata de la empatía que sentimos hacia esa fuente: los puntos en común. Cuanto mayores sean la familiaridad con ella, la sintonía ideológica o los parecidos diversos (edad, posición social, etc.), mayor será el riesgo de no haber prestado toda la atención necesaria para evaluar la experiencia y la fiabilidad. En tal caso, conviene redoblar el esfuerzo, porque por algo las cartas nigerianas las escribe un «primo lejano».

Los tertulianos —con las lógicas excepciones, que siempre hay— son los principales difusores de la «cultura cuñada»: hablan de muchos temas como si fueran expertos en todo, cosa que solo es cierta en algunas ocasiones. Como hacer este tipo de distinciones sobre su capacidad de ser expertos y de ser fiables es enormemente difícil, lo mejor es tomarse sus opiniones como una charla de bar, es decir: con algo de distancia y siendo muy conscientes de que conviene contrastar los datos afirmados. Y, de modo especial, por encima de las informaciones, es crucial tomar distancia con respecto a las interpretaciones que hacen estos expertos radiofónicos o televisivos, porque son capaces de sacar conclusiones que nada tienen que ver y que no guardan rigor alguno sobre unos hechos. Y, en cualquier caso, en principio no son expertos. Solo después de verificarlo se puede empezar a confiar. En otras palabras: con los tertulianos hay que partir de un sesgo de desconfianza saludable, de manera que se deben verificar las afirmaciones antes de darlas por buenas y compartirlas en el propio círculo de relaciones. Podríamos hablar de «activar la alerta cuñada».

Evaluar la credibilidad de la fuente hubiera permitido frenar muchas estafas informativas. Si, por ejemplo, uno se hubiera fijado en el remitente del correo nigeriano, habría advertido que no tiene ni idea de quién es esa persona y la habría buscado en Google para acabar descubriendo que es un nombre falso que aparece en estafas ya publicadas en las redes.

¿Soy vulnerable al cuñadismo?

La vulnerabilidad personal ante la desinformación por cuñadismo tiene relación con dos factores: nuestro interés o necesidad de estar en todas las conversaciones (si es posible, con un papel protagonista), y nuestro nivel de conocimiento de la materia en cuestión, que nos permite hablar como verdaderos expertos y distinguir a los que saben y a los que no. Cuanto mayor sea el primer factor y menor el segundo, más vulnerables seremos.

Este esquema sencillo te ayudará a hacer una autoevaluación:

RIESGO DE DESINFORMACIÓN POR CUÑADISMO
Formación y experiencia en el tema

	BAJO INTERÉS + ALTA FORMACIÓN = RIESGO MÍNIMO	ALTO INTERÉS + ALTA FORMACIÓN = RIESGO MEDIO
Interés y necesidad de protagonismo	BAJO INTERÉS + BAJA FORMACIÓN = RIESGO MEDIO	ALTO INTERÉS + BAJA FORMACIÓN = RIESGO MÁXIMO

¿Dónde crees que estás tú situado?

Hábito 2

La incredulidad crédula

El médico y periodista Alfredo Opisso —no confundir con el pintor— criticó en 1904, en las páginas de *La Vanguardia*, «el sinnúmero de supersticiones, rutinas y ridículas costumbres que solo existen ya en España, tierra de promisión de todo linaje de curanderos, milagreros y engañabobos. La falta de instrucción es más que suficiente para explicar tamaña mentecatez».[1]

Ha llovido mucho desde entonces, pero el problema persiste.

Sí. Quizás si hoy Alfredo Opisso despertara y navegara por internet vería que, en realidad, poco removieron sus denuncias la conciencia social, porque poco ha cambiado un siglo después. Las redes sociales son, también, una tierra de promisión de todo linaje de curanderos, milagreros y engañabobos. Y de bobos engañados; los habrá siempre que haya engañabobos actuando. En internet, también. Se los podría definir de un modo algo sofisticado más allá del peyorativo y simplón «bobos». El hábito de dar credibilidad a curande-ros, milagreros y engañabobos se podría definir como la in-credulidad crédula, porque consiste no solo en creer a los vendedores de curas imposibles, sino también en desconfiar de la información científica y médica más aceptada por la comunidad internacional. Es las dos cosas a la vez, porque la segunda es la razón última de la primera. Confían en lo imposible cuando ya han desconfiado de todo lo demás. El riesgo desinformativo de esta manera de evaluar la informa-ción es obvio.

La incredulidad crédula es, además, una posición de la que no es fácil sacar a alguien, porque, una vez se ha confia-do en esa información no oficial que cuestiona lo común-mente aceptado, se puede llegar a un nivel de aceptación tal que de la defensa de la «verdad» descubierta se hace una bandera personal por la que luchar por todos los medios. Y eso deriva en cierta «racionalidad irracional»: se responde cada objeción al propio punto de vista con una argumenta-ción formalmente muy fundamentada, pero, en el fondo, sin fundamento alguno.

La incredulidad crédula facilitada por internet no es algo muy insólito, sino más bien frecuente.

«Un mundo sin cáncer. Lo que tu médico no te está con-tando.» Esta fue la propuesta del agricultor Josep Pàmies y otros defensores de terapias alternativas para un evento abier-to al público en Barcelona, convocado el 13 de enero de 2018. Se difundió también por internet y las inscripciones se gestionaron en la plataforma Eventbrite. Además, las conferencias se transmitieron en canales de YouTube afines, como La Caja de Pandora o Mindalia Televisión.

Tres días antes, el Colegio Oficial de Médicos de Barcelona reclamó la intervención de las autoridades sanitarias, alertando «del riesgo que las terapias alternativas y pseudocientíficas sin ninguna evidencia clínica suponen para la salud, sobre todo cuando se trata de pacientes con cáncer, dado que pueden generar falsas expectativas e impedir que pacientes que son especialmente vulnerables reciban el tratamiento adecuado y más eficaz para su enfermedad o propiciar el abandono del tratamiento prescrito por el médico».[2] El comunicado del órgano oficial de los médicos concluía reclamando la colaboración de medios, instituciones, entidades y sociedad para evitar la realización y la difusión de estas prácticas «que generan confusión y engaño en los ciudadanos en lo que respecta a la salud».

Con independencia de si se logró o no frenar la difusión de las terapias alternativas, lo cierto es que el comunicado proporcionó al congreso una enorme notoriedad en los medios de comunicación. *El Periódico* informaba la víspera del encuentro de que el Departamento de Salud de la Generalitat abría un expediente informativo y enviaría a un inspector al congreso.

Quien se hallaba al frente de la organización no era Pàmies, sino Cocó March. Fue ella quien tuvo la idea del título. Cuenta con más de 100.000 seguidores en Facebook, varios miles en Instagram y otros tantos en su canal de YouTube. Su propuesta es clara: «Toma el control de tu vida. Descubre lo que el médico no te cuenta». Se presenta como doctora, aunque no cuenta con un título oficial de estudios de medicina. En su web se pueden leer artículos como «Conoce la verdad sobre el cáncer, siendo tu cuerpo ácido», «¿La Nutella puede ser causante de cáncer?», «Un batido que combate 4 cánceres» o «Esta milagrosa bebida impide la propagación del cáncer».[3] La bestia negra, desde su punto de vista, es la industria farmacéutica, para quien, afirma Cocó March, el cáncer sería su «gran negocio».

En su intervención en el polémico congreso, Pàmies lo explicaba de este modo: «La farmacia lo ha pervertido todo, lo ha transformado, con moléculas sintéticas que no sirven para nada». El lema de su asociación es «Que tu alimento sea tu medicamento». Para Pàmies, «las plantas son una excusa para que cojáis vuestra vida».

La seguridad de Pàmies recuerda aquellos anuncios en prensa de los años treinta:

TISANA DE ANETO HACE MILAGROS porque conserva y devuelve la salud, hasta a los que se creían incurables. Si padece Reuma, Gota, Ciática, Arterioesclerosis, Obesidad, Mal de Piedra, Albúmina o tiene alguna dolencia en los Riñones o en el Hígado, tome Tisana de Aneto y se curará: Recuerde que ÚNICAMENTE TISANA DE ANETO HACE MILAGROS.

Este texto, en concreto, se publicó en la segunda página de *La Vanguardia* del 20 de marzo de 1935.

En una intervención trufada de ejemplos, testimonios y alusiones a estudios y evidencias supuestamente de primera mano, Pàmies fue explicando en el polémico congreso las propiedades de distintos tipos de plantas. Recomienda incluso marihuana para los niños con epilepsia.

Entre otros casos, Pàmies citó un estudio del hospital Doctor Josep Trueta, en Gerona, según el cual una sustancia extraída del cardo mariano había parado un cáncer cerebral con metástasis en el pulmón.

Muchos pseudoterapeutas defienden la no vacunación, atacan los tratamientos estandarizados como la radioterapia o la quimioterapia, y siembran la sospecha sobre el *statu quo* científico-médico. Proponen cambios de hábitos y en ocasiones van más allá de una mera alternativa a la medicina: son un estilo de vida, una causa por la que luchar, y, para algunos, hasta una religión. Sus detractores las llaman «pseudociencias» y su gran campo de difusión y contacto con la audiencia es internet y las redes sociales.

Casualidades de la vida, el mismo médico que experimenta con el cardo mariano, y uno de los autores del estudio citado por Pàmies, es un acérrimo detractor de las terapias alternativas.

El 14 de enero, el doctor Joaquim Bosch-Barrera, que así se llama, abría un hilo en Twitter con su versión sobre la mención que Pàmies dedicó a su estudio:

A raíz de este congreso, me gustaría abrir un hilo sobre «lo que tu naturópata no te está contando». La medicina está plagada de fármacos que provienen de sustancias naturales. La morfina, el citostático paclitaxel o vinorelbina, la aspirina… sin embargo, en muchos de estos casos, la cantidad del compuesto presente en la planta es infraterapéutica.

La ciencia nos permite aislar exactamente la molécula, y en muchas ocasiones mejorarla para que sea más activa, y permitir que tenga una concentración más alta o conocida, que nos permita tratar enfermedades de los pacientes.

Y lo más importante, realizar ensayos clínicos que demuestren que la molécula es eficaz (y segura) y no tan solo un placebo más. Así pues, los oncólogos no estamos en contra de las sustancias medicinales naturales, sino de vender productos sin evidencia suficiente.

De la homeopatía y otras sandeces pseudopsicológicas ya ni me molesto a discutir, porque no tienen ninguna mínima solidez y son puro engaño.

Y quien dice esto es alguien que lleva cinco años investigando la silibinina, un flavonoide presente en las semillas del cardo mariano. No tengo ninguna duda que la silibinina puede ser útil en el cáncer, pero tomarse semillas es absurdo, nuestro cuerpo solo asimila el 0.4%.

Lo que más me indigna es que aprovechen mis trabajos para defender sus teorías (Pàmies me cita), sin contar que lo que él propone (ingerir semillas) ya se ha demostrado que no sirve porque la silibinina de las semillas no las absorbe nuestro cuerpo.

Pero claro, él se financia a través de las bolsas de semillas de cardo que vende, que por eso es un agricultor…. ya si eso no sirve no es su problema, son los oncólogos que «ocultamos» la verdad a los pacientes con cáncer.

El doctor Bosch-Barrera denunciaba unos meses más tarde, en julio de 2018, en Twitter:

> En una guardia una mujer joven acude por fiebre. Cáncer de mama en «tratamiento» con terapias alternativas.
> —¿Y tu «terapeuta» alternativo qué te dice de tu tumor?
> —Dice que si sale hacia fuera es bueno, porque significa que se está oxigenando.
> #StopPseudociencias
> Para todo tienen una respuesta estos desalmados. Por casos como este no puedo callarme, juegan con la vida y salud de personas humanas. Si eso lo hace un médico acaba entre rejas, ellos siguen enriqueciéndose engañando a nuevos enfermos.
> #StopPseudociencias #StopPseudoterapias.[4]

El caso al que se refiere es el de la muerte de una joven que confió en la información de las terapias alternativas en lugar de en el sistema sanitario convencional de la medicina basada en la evidencia. La campaña en Twitter #StopPseudociencias del doctor Bosch-Barrera hizo aflorar numerosos casos parecidos.

Ya sea en torno a la medicina o, más en general, a los estilos de vida saludable, la marea de información contradictoria en internet es inmensa. La evaluación de la credibilidad de los mensajes no es evidente, porque junto a propuestas excéntricas aparecen propuestas intermedias, moderadas o apadrinadas por medios de comunicación generalistas o líderes de opinión y celebridades.

La actriz Gwyneth Paltrow, por ejemplo, se ha reconvertido en una gurú de los estilos de vida. Ella no cuenta con estudios ni sobre dietética, ni sobre medicina ni sobre psicología, pero su notoriedad como actriz le ha permitido reposicionarse como prescriptora de consejos de diversa índole.

Su portal Goop (www.goop.com) ha sido reiteradamente objeto de crítica por parte de la comunidad científica. En junio de 2017 una noticia de este portal recomendaba unas pegatinas con efectos positivos, que supuestamente fueron fabricadas con materiales usados por la NASA, información que la agencia espacial tuvo que desmentir. La explicación del funcionamiento del parche era, cuando menos, curiosa:

> Los cuerpos humanos operan a una frecuencia energética ideal, pero el estrés y la ansiedad cotidianos pueden deshacer nuestro equilibrio interno, agotando nuestras reservas de energía y debilitando nuestro sistema inmunológico. Las pegatinas Body Vibes vienen preprogramadas a una frecuencia ideal, lo que les permite atacar los desequilibrios. Mientras los lleva puestos, cerca de su corazón, en su hombro o brazo izquierdo, llenarán las deficiencias en sus reservas, creando un efecto calmante, suavizando la tensión física y la ansiedad.[5]

Los mágicos parches se podían adquirir en paquetes que cuestan entre 30 y más de 60 dólares, según el número de unidades (con un máximo de 10) y centrados en distintos objetivos: antiansiedad, *flower power*, energía, belleza, amor propio, alivio, etc. Son herederos de las pulseras holográficas que llevaron famosos como Belén Esteban, Cristiano Ronaldo, Antonio Lobato o Mercedes Milá: sí, las llamadas Power Balance que supuestamente emitían una frecuencia positiva para el equilibrio. Y antes incluso, en los ochenta, las pulseras contra el reuma.

Esta es una de sus muchas polémicas que han levantado polvareda mediática, pero ninguna de ellas ha impedido que su portal de internet se haya convertido en un punto de encuentro que es al mismo tiempo una marca de ropa, una marca de belleza, una publicación periódica, una plataforma de publicidad y, en conjunto, un imperio valorado en 250 millones de dólares. La web registra 2,4 millones de visitantes únicos mensuales y los seguidores semanales de los pódcast pueden llegar hasta los 650.000.

La publicación Goop alcanzó un acuerdo estratégico con un agente tradicional del sector de las revistas: Condé Nast, editora de cabeceras consolidadas como *Vogue* o *Vanity Fair*. Pero el acuerdo se rompió al poco tiempo. El punto de fricción principal fue la manera de combinar el negocio con la información. Condé Nast defendía una aproximación más neutral en la descripción de los productos que luego se podrían obtener en la tienda online. Pero, mucho más importante, la diferencia de criterio insalvable estaba en el filtro de las afirmaciones que se recogían, que debían tener aval científico de algún tipo.

Según contaba la *New York Times Magazine*, Paltrow no entendía el problema. El redactor de esta revista hablaba así del diálogo con los responsables de Goop:

> «Nunca hacemos declaraciones», dijo. Es decir, nunca afirman nada como un hecho. Solo le hacen algunas preguntas interesantes a fuentes no convencionales. «Solo estamos haciendo preguntas», me dijo Loehnen [Elise Loehnen, editora de Goop]. Pero ¿qué es «hacer una declaración»? Algunos argumentarían —sus antiguos socios en Condé Nast, seguro— que está proporcionando una plataforma no filtrada a la charlatanería o la brujería. O.K., O.K., pero ¿qué es charlatanería? ¿Qué es brujería?[6]

En una entrevista reciente, la actriz apelaba a su curiosidad como uno de los motores de su nuevo proyecto profesional.

Es la curiosidad, pero también la necesidad. Para la incredulidad crédula no basta querer saber más: es necesario sospechar del conocimiento comúnmente aceptado por la sociedad o recibido por parte de las autoridades sanitarias, científicas, etc. Estos dos ingredientes están presentes en el consumo de información típico del incrédulo crédulo.

Este no parte solo de la experiencia de no haber obtenido respuestas satisfactorias en el conocimiento convencional. La historia está llena de progresos científicos protagonizados por personas o grupos de gente que consideraron insuficiente una explicación. El uso de hierbas para aliviar distintas dolencias es una tradición que se remonta hasta centenares de años atrás. Se trata de un conocimiento transmitido primordialmente de modo oral, y ahora está experimentando —también a través de internet— cierta recuperación. ¿Te cuesta dormir? Tómate una tila. ¿Estás alterado? Una valeriana. ¿Te duele la barriga? Una infusión de manzanilla. ¿Estás adormilado? Café para despertarse, etc.

Ha habido, también desde hace décadas, propuestas que, si se consideraran ahora, nunca hubieran pasado de ser ocurrencias o estridencias de un tipo ingenioso o con algún cable pelado.

Es el caso, por ejemplo, de la frenología, una disciplina pseudocientífica que hizo furor en el siglo XIX según la cual se podía conocer el carácter y la personalidad de las personas a partir de las facciones faciales y la forma del cráneo. Mariano Cubí (1801-1875) fue su introductor en el mundo hispano. Un folleto publicitario de su consulta (él combinaba la difusión del saber con la pecuniaria labor práctica de pasar visita) anunciaba así sus beneficios: «A más de hacernos conocer positivamente desde nuestra infancia la carrera o misión a que nos tiene Dios destinados en este mundo, danos la frenología acierto en la elección de gobernantes, de marido o esposa, de amigos, compañeros, criados por cuya razón no hay estado ni condición alguna a la cual no sea supremamente útil esta ciencia…».[7] En unas de sus lecciones públicas, el señor Cubí añadía testimonios personales, al estilo de los conferenciantes del mundo sin cáncer:

> Después de haberle yo reconocido bien la cabeza, advertí al Sr. Pickman que no se fiase mucho de ese portero, que sus intenciones eran dañinas… «¡Qué oráculo tan verdadero fue V. respecto a mi portero!» Fueron las primeras palabras que me dijo al vernos. «¡Ya se halla en presidio!» continuó «por haber atentado contra mi vida tirándome un pistoletazo.»[8]

La frenología era un conocimiento revolucionario, distinto del convencional, que se ha demostrado que es del todo falso. Probablemente por este motivo, ahora el nombre de Mariano Cubí suene más a una calle en un barrio bien de Barcelona que a una eminencia como Alexander Fleming, inventor de la penicilina; calle esta, la Mariano Cubí, que cruza con Balmes, cuyo nombre hace alusión al gran enemigo de Cubí, el sacerdote Jaume Balmes, que recriminaba a la frenología que «las ciencias naturales, a las que esta pertenece también, no deben estribar en meras hipótesis y en razones de analogía más o menos convincentes, sino que han de apoyarse en hechos observados con rigurosa exactitud».[9]

En las redes, las terapias alternativas añaden a la confianza en las bondades del nuevo método una sospecha sobre las maneras, los relatos, las verdades y los tratamientos «alternativos» a los alternativos. O sea, los aceptados por la mayoría.

Comentarios como «La medicina moderna se a [sic] convertido en un negocio de los laboratorios y no curan a nadie, solo curan el síntoma y te sacan hasta el último peso»[10] no son extraños en las conversaciones digitales sobre gurús de, según sus críticos, pseudociencias.

En 2011, el Ministerio de Sanidad identificó y analizó 139 técnicas en el ámbito de las terapias naturales.[11] La conclusión era que solo una parte tenía una influencia directa en la salud, mientras que el resto iban fundamentalmente dirigidas al bienestar o el confort del usuario. La evidencia científica sobre su eficacia, proseguía la autoridad, es muy escasa, y, si bien en la mayoría de los casos estas terapias son inocuas, no están completamente exentas de riesgos.

En 2016, junto con un equipo de analistas de redes sociales, analizamos durante un mes las conversaciones digitales sobre este tipo de terapias en Twitter, Instagram, blogs y medios de comunicación. Recogimos 43.943 mensajes o publicaciones, realizadas por 21.487 usuarios, sobre temáticas que iban desde la angeloterapia, la apiterapia o la ayurveda hasta la bioneuroemoción, la homeopatía, la ozonoterapia, la psicomagia y el reiki, pasando por la sanación cuántica, la talasoterapia y el toque terapéutico, entre otras.

En el conjunto, las terapias más populares eran la homeopatía (con 12.475 impactos), el reiki (con 6.885 impactos), la acupuntura (5.131) y la ayurveda (2.559). La homeopatía era, también, la terapia que acumulaba más detractores (el 13,32 % de las conversaciones sobre el concepto eran críticas con la disciplina). La acupuntura se asociaba especialmente con el cáncer de pecho, ya que se presenta como «una terapia complementaria» para aliviar los efectos de la quimioterapia.

En su conjunto, la mayoría de estos mensajes iban dirigidos a un público femenino: cuando se hablaba de género, el 64,4 % de los comentarios hacían referencia a «mujeres» y el 35,6 %, a «hombres». Además, se hablaba de «madres» y «embarazo» el doble que de «padres» (en una relación de 69,03 % y 30,97 %, respectivamente). También se publicitaban terapias de carácter cosmético, para mejorar el estado de la piel y perder peso.

El cáncer fue la enfermedad más mencionada de las conversaciones. Cuando se hablaba de él, sobre todo se hacía en relación con dietas, alimentación en general y acupuntura. La mayoría de los mensajes no dejaban claros sus efectos concretos sobre el curso de la enfermedad, pero, en el caso de las que sí lo hacían, la mayoría se presentaban como terapias complementarias que «alivian» el mal, aunque algunas lo hacían directamente como una «cura»: el caso de la terapia Qi Gong, que asegura curar el cáncer haciendo gimnasia.

Se hablaba con cierta frecuencia de «médicos» en 2.055 impactos, asociados a las palabras «salud» y «sanación», como mecanismo de legitimación: citaban a los médicos que daban por válidas las terapias y las aplicaban. Se detectaron también 379 impactos que citaban estudios académicos para avalar la eficacia de estas terapias.

En los mensajes favorables a las terapias alternativas sin evidencia científica, existe una estructura de argumentación que se repite con bastante frecuencia y cuya finalidad es aparentar que se cuenta con una base sólida. Así, en concreto, se pueden leer textos que…

- … utilizan tecnicismos y conceptos propios de su campo de saber (muchas veces, algo oscuros, poco utilizados fuera de su ámbito), que dan un aire de rigurosidad;
- … citan universidades y centros especializados en «medicina alternativa», pudiendo ocurrir que sea la primera vez que oímos el nombre de estas universidades y centros;
- … citan estudios que consisten en metaanálisis, estudios de estudios: artículos que aglutinan muchos otros artículos sobre la materia, con el inconveniente de que hay que verificar uno a uno la autenticidad de todos los estudios citados;
- … no citan artículos contrarios a la terapia, y
- … se redifunden posteriormente en Twitter o Facebook como prueba científica de la eficacia de la terapia.

En las conversaciones analizadas vimos que también aparecían los medios de comunicación, que recogían críticas a las terapias, pero, en la mayoría de los casos —más del 90 %—, el tratamiento de las pseudociencias era neutro.

Cuando analizamos las conversaciones, Anna Mascaró —una de las analistas— se fijó en especial en las historias personales de los que confiaban en las terapias y rechazaban la medicina convencional, e intentó contrastarlas. Unos meses más tarde publicó dos impactantes reportajes en un periódico sobre los efectos perniciosos de algunas decisiones: «La impotencia de los familiares cuando un enfermo abandona la quimioterapia».[12] Para Anna, «el perfil de un consumidor de terapias pseudocientíficas es el de una persona que desconfía de las posibilidades de la medicina y de la ciencia, y en un momento determinado decide probar otro tipo de tratamientos».

En ocasiones, prosigue, la desconfianza no es más que fruto de «la desesperación o el instinto de supervivencia» ante un diagnóstico negativo. ¿Internet influye? «Es un gran canal de comunicación y conocimiento, pero también de desinformación y rumorología», afirma Anna.

Con respecto a la eficacia de estas terapias alternativas, la Universidad de Yale hizo una comparativa del tratamiento del cáncer mediante estas terapias, de un lado, con los tratamientos convencionales de cirugía, radioterapia y quimioterapia, del otro. En concreto, estudiaron a 840 pacientes con cáncer de mama, próstata, pulmón y colorrectal: 560 pacientes habían recibido un tratamiento convencional y 280 eligieron la medicina alternativa. La conclusión era clara: la supervivencia de los pacientes de las terapias alternativas era menor.

El doctor Bosch-Barrera señala tres ingredientes que pueden dar a este tipo de terapias la credibilidad necesaria:

Normalmente se trata de escoger algún elemento exótico (alguna planta, algún lugar lejano, algún producto que no se use habitualmente), algún mecanismo físico (cambio de pH del cuerpo, campos magnéticos), o esotérico (el reiki con la energía, la autosugestión o autoconvencimiento de que la mente puede curar al cuerpo) como base de la pseudoterapia.

Este punto de partida puede tener incluso un atractivo intelectual, que se refuerza con historias de éxito (que conoce el terapeuta) y con estudios que tampoco aportan base sólida pero están redactados para aparentar. El pseudoterapeuta se presenta con diplomas de títulos que generan cierta seguridad en el paciente. «Estos pseudoterapeutas son personas con ciertas habilidades comunicativas y comerciales que se ganan la confianza del paciente escuchándolo, dándole esperanza y atendiéndolo con amabilidad», añade el doctor Bosch-Barrera. Se puede llegar, concluye, a que «acaben explicando que son los demás los que engañan al paciente; la industria farmacéutica y los médicos serían todos unos vendidos que solo buscan sacarle el dinero, pero ellos en cambio sí que tendrían la solución con un tratamiento con eficacia garantizada».

En su opinión, cabe distinguir entre terapia alternativa y terapia complementaria. La primera es la más peligrosa, porque rechaza el tratamiento estándar. La segunda tiene efectos negativos también, pero menos devastadores.

Siendo esto así, ¿por qué no hay más personas que denuncian la estafa de las terapias perjudiciales? En opinión de este oncólogo de Gerona, «muchos pacientes, cuando se dan cuenta de que los han engañado, les entra vergüenza ("¿Cómo puedo haber caído en esta mentira?"), y muchas veces no se atreven a denunciar. Lo grave es que, cuando al final lo denuncian, lo que pasa es que la ley española considera que el engaño no es un delito…, si no, los tarots y horóscopos estarían todos prohibidos. Si no era [el terapeuta] un médico cualificado, ¿qué hacía usted siguiendo las indicaciones de salud de una persona sin formación? De manera que la víctima es víctima por partida doble y el infractor sale indemne».

Su recomendación es clara: «Cuando alguien te presente una oferta demasiado buena para ser verdad, desconfía». Además, las víctimas suelen ser personas necesitadas de buenas noticias, con un mal pronóstico y dispuestas a creer cualquier indicio que les dé esperanza. Y la saturación del sistema público de salud, con poco tiempo para atender a cada paciente, hace que algunos se sientan más escuchados en la consulta de un pseudoterapeuta, que lo que tiene es, precisamente, tiempo (puesto que cobra por horas).

Lo curioso para el doctor Bosch-Barrera es que «suele ser la gente de un nivel educativo alto la que más se cree a estos pseudoterapeutas». Por curioso que pueda parecer, tiene una explicación: estas personas se han acostumbrado a resolver mediante el estudio las dudas y los interrogantes que se les planteaban. Ante un problema que no tiene solución —como una enfermedad incurable—, se niegan a aceptarlo y consideran que el problema no es lo incurable del mal, sino la ignorancia sobre su remedio, que en algún lugar debe de estar.

El parecer de este médico, en fin, es que estamos ante un problema de salud pública: «Muchas veces se apela a la autonomía del paciente, pero para que haya autonomía debe haber información veraz para poder tomar la mejor decisión, acorde con los valores propios; en la pseudoterapia se secuestra la autonomía del paciente porque se lo engaña y se le miente».

Se trata de una sospecha crónica de lo establecido que, en los casos extremos, puede tomar carácter general: empezar por desconfiar de algo para desconfiar de todo y finalmente acabar confiando en cualquier cosa mientras no sea la oficial, la predominante.

Los mecanismos por los que se deja de creer en un saber convencional y se empieza a creer en teorías y terapias sin marchamo de fiables por el gran público funcionan más allá de la medicina.

Un ejemplo es la explicación de los hechos históricos. El siguiente es un comentario al vídeo de la conferencia de Pàmies sobre las propiedades de las plantas publicado en YouTube:

Muy de acuerdo contigo pero NO FUMIGARON JUDÍOS NO SEAS BORREGOMATRIX ESO JAMÁS SE HA DEMOSTRADO Y JAMÁS SE DEMOSTRARÁ PORQUE ES UNA FARSA DE JUDYWOOD Y SE LLAMA HOLOCUENTO, INFÓR-

MATE JOSEP QUE CON LO INTELIGENTE QUE ERES PARECE MENTIRA QUE CAIGAS EN ESO A ESTAS ALTURAS!

El comentario viene a propósito de una alusión del conferenciante al holocausto. Aunque parezcan temas desconectados, el proceso de tratamiento de la información es el mismo: sospecho del lugar común aceptado por todos y me adhiero a una opinión alternativa y minoritaria pero, precisamente por esto —supuestamente—, verdadera.

Tal hilo se puede seguir desde otros muchos lugares. Uno de los canales de YouTube que publicó las conferencias sobre «Un mundo sin cáncer» también promociona encuentros para avistar ovnis, censura en biocultura, raíces ocultas en el ser humano…

Se trata de un vasto territorio digital poblado de información no sustentada por el sistema científico convencional. Las variantes van desde los defensores de hipótesis plausibles no contrastadas hasta los predicadores de teorías conspirativas tan sorprendentes como bien elaboradas. Dichas teorías son explicaciones de acontecimientos importantes —a veces aparentemente inconexos— a partir de la existencia de un grupo reducido de personas que los han manipulado en provecho propio. Tienen sus adeptos en la medida en que resultan explicaciones plausibles para hechos no suficientemente explicados por las autoridades, o cuyas incógnitas surgidas en su día no se han podido despejar del todo.

Aquí entra la teoría de que los laboratorios farmacéuticos están ocultando una correlación significativa entre vacunación y autismo; de que los atentados del 11-S fueron en realidad unas demoliciones controladas; de que el Gobierno americano oculta información sobre un avistamiento ovni; o que una élite mundial muy reducida (que podrían ser de los iluminados) domina el mundo mediante unas organizaciones internacionales que manipula a su antojo. Existe también una teoría que sostiene que el hombre nunca ha llegado a la luna (sobre la que se hablará más adelante) o que Adolf Hitler no murió.

En el mundo digital, los detractores de estos pseudocientíficos acuñaron, para definirlos despectivamente, el término «magufo», de la combinación de «mago» y «ufólogo» (experto en ovnis).

Los que creen a los magufos son los incrédulos crédulos. El incrédulo crédulo es un perfil con extrema desconfianza en lo externo y ninguna en uno mismo.

En efecto, un incrédulo crédulo gestiona la información repitiendo con respecto a su opinión, experiencia o conocimiento exclusivo y único aquello que critica en la ciencia: dogmatismo e inmovilismo. La defensa fanática y acrítica de sus posiciones puede acabar validando únicamente aquello que confirma tales posiciones.

Ocurre incluso que las refutaciones de científicos oficiales, o las informaciones que contradicen estos conocimientos, en lugar de ser motivo de cuestionamiento, para las audiencias adictas son una nueva confirmación: la prueba de que es mucho lo que se juega el sistema y que por eso pone los medios necesarios para ocultar la verdad. El razonamiento sería así: si esta semilla tan barata es una alternativa a aquel tratamiento tan caro que te recomiendan en el hospital, ¿qué cabe esperar que digan los científicos, cuando el dinero para pagar sus investigaciones viene de la industria y no de la naturaleza?

¿Qué hacer? En primer lugar, si se sospecha de todo, lo lógico es sospechar también de uno mismo y del que pide que sospechemos de todo.

Pero esto no es suficiente. El verdadero reto no es desconfiar de todo, sino aprender a confiar en alguien de nuevo.

En internet se puede encontrar información abundante que afirma tanto una posición como su contraria, en páginas y medios que dificultan distinguir cuál de las dos es más fiable. Si una información no convence, siempre se pueden encontrar argumentos para desacreditarla. Lo verdaderamente difícil es, pues, el ejercicio contrario: desarrollar el olfato para que, además de desconfiar, ayude también a confiar en algo, en alguna fuente de información en concreto, en algunos datos en particular.

A este olfato se lo podría denominar «capacidad crítica». Y esta, en el incrédulo crédulo, debe empezar en uno mismo, preguntándonos qué nos induce a informarnos: ¿es para documentar unas verdades preconcebidas, o para informar de unas decisiones aún no tomadas? Si se trata de lo primero, es más probable caer en alguna de las modalidades pseudocientíficas. Si lo que quiero es que haya una cura para un cáncer incurable, muy probablemente daré crédito con más facilidad a algún engañabobos.

En el segundo caso —buscar información para tomar una decisión—, aunque no hay garantías de buena información, sí se puede adoptar cierta distancia que permita valorar más fríamente cada dato que vamos almacenando y cada fuente de la que bebemos.

La verdad no es necesariamente el término medio de todas las informaciones que uno recopila; de hecho, solo por excepción ocurre esto. En realidad, hay en internet perspectivas distintas, que pueden o no complementarse de algún modo. La aproximación que permite avanzar sorteando tanto el riesgo de caer en la sospecha total, que es estéril, como en la incredulidad crédula, que es nociva, es considerar el conocimiento científico como un saber en movimiento, que avanza de modo sistemático a través de las pruebas que aporta la experiencia consistentemente investigada. De hecho, muchas veces hay conocimientos no científicos que, una vez verificados, se han incorporado al acervo general de la ciencia.

Opisso, en su artículo, criticaba la formación que se proporcionaba, que era el origen del éxito de los engañabobos: «Todo verbalismo, subjetivismo, abstracción, discurseo; ni laboratorios, ni escuelas de aplicación, ni material ni experimentación; solo libros de texto, eso sí; muchos libros de texto, muchos apuntes y muchas vacaciones».

¿Qué riesgo corro de caer en el hábito de consumo de información que hemos denominado «incredulidad crédula»? Hay dos factores que influyen en sentidos distintos: la capacidad crítica, que incluye la autocrítica, y la confianza en las fuentes oficiales.

Este esquema sencillo te ayudará a hacer una autoevaluación:

RIESGO DE DESINFORMACIÓN POR INCREDULIDAD CRÉDULA
Capacidad crítica y autocrítica

Confianza en las fuentes oficiales

CONFIANZA BAJA + CAPACIDAD CRÍTICA ALTA = RIESGO MEDIO

CONFIANZA ALTA + CAPACIDAD CRÍTICA ALTA = RIESGO MÍNIMO

CONFIANZA BAJA + CAPACIDAD CRÍTICA BAJA = RIESGO MÁXIMO

CONFIANZA ALTA + CAPACIDAD CRÍTICA BAJA = RIESGO BAJO

¿Dónde crees que estás tú situado?

Hábito 3

La indecisión crónica

Pongamos que entras en un bazar con la idea clara de comprar un felpudo para la puerta de tu piso. Unas horas más tarde, si los tenderos del bazar son hábiles, es probable que salgas del lugar con un felpudo con la palabra «Welcome» escrita en letras de gran tamaño, con una lámpara para la sala de estar, un colgador para sombreros, un jarro con motivos orientales, un cenicero…

Ahora imagínate qué ocurriría si entraras en un bazar sin esa idea clara en mente de comprar algo. El cargamento con el que saldrías de allí podría ser sorprendente.

De nuestro paseo por el bazar podemos concluir que algunas decisiones de compra habían sido reflexionadas y otras no. Nos sentimos mejor si tenemos la impresión de que hemos sido nosotros los que hemos protagonizado todas esas decisiones, aunque buena parte de ellas quizás no hayan sido lo más acertado que hemos hecho esa tarde en la que en un principio solo íbamos a comprar un felpudo con la palabra «Welcome» en letras grandes.

Y no solo eso, además nos gusta pensar que cada decisión que tomamos no solo la hemos tomado conscientemente, sino que además es nuestra, en la acepción literal del término. Es nuestra porque tiene un sentido que nosotros mismos le hemos dado, que va más allá del sentido simple de «Decido esto porque me da la gana». Nos gusta tomar nuestras decisiones con base en un sentido elaborado tras una reflexión personal.

Nos gusta, al fin y al cabo, pensar que las decisiones son nuestras porque hemos reflexionado sobre ellas. Y no nos gusta pensar que hemos decidido sin haberlo reflexionado, de tal manera que las decisiones al final no son realmente nuestras.

Bien, pero ¿qué ocurre en la práctica? ¿Qué guía nuestra decisión? El sentido que damos a las decisiones ¿viene antes de tomarlas, como uno de los factores que nos animan a decidir, o viene después, cuando nos preguntamos para qué compramos esa lámpara para la sala de estar si no tenemos dónde ponerla?

Por lo general, buscamos dar sentido a todo lo que hacemos, porque, en último término, ese sentido conecta con algo más profundo: hago tal cosa porque me gusta ser así; porque amo a esa persona o esa causa; porque es mi deber; porque me apetece; porque me lo merezco; porque se lo merece; porque puedo; porque no tengo más remedio; porque quiero tener este impacto sobre la sociedad, o sobre mi entorno; o porque es aquello que considero mejor de entre las opciones posibles.

Las decisiones, pues, dan pistas sobre quiénes somos y quiénes queremos ser.

Pero la conexión con el sentido profundo no es siempre así de clara. En algunos casos, porque las opciones entre las que se debe decidir son francamente indiferentes: elegir Cola Cao no tiene un impacto muy distinto en la dieta del que supondría tomar Nesquik. O Coca-Cola en lugar de Pepsi. O Nocilla en lugar de Nutella. Quizás en algunas personas este tipo de dilemas tengan carácter cuasi existencial, pero se puede convenir que, para la mayoría de los mortales, estas decisiones no se encuentran entre las diez que han configurado su identidad y su recorrido vital.

Efectivamente, en muchas decisiones las alternativas son cada vez más parecidas. Las marcas pueden guiarnos hacia una dotación de sentido no siempre fundamentada en una reflexión racional basada en datos concretos. Las marcas dotan al producto de unos atributos que van más allá de la materialidad de lo que se está comprando, que es muy similar a la de sus alternativas, para distinguirlos de estas últimas. Se proporcionan unas gratificaciones intangibles al comprador en forma de una dotación de sentido. Hay marcas que consiguen vincularse a estatus socioeconómicos: tener un Audi no es lo mismo que tener un Seat o un Volkswagen, a pesar de que algunos modelos de las tres marcas compartan casi todas las prestaciones y pertenezcan al mismo fabricante.

Cuanto mayor sea la capacidad de la marca de vincularse a algo significativo, más reflexiva podrá ser la decisión, y, cuanto más reflexiva, será potencialmente más profunda y, por tanto, repetible en el tiempo. Y si es repetible sí que se incorporará a la propia manera de ser.

Una decisión repetida una y otra vez, a la que se dota de un sentido profundo, genera un hábito de comportamiento. Este permite a la persona decidir de forma ágil, sin necesidad de replanteárselo todo a cada paso. Somos seres de costumbres. En algunos períodos de la vida pueden surgir interrogantes sobre por qué nos hemos acostumbrado a tal o cual cosa, algo que ocurre normalmente cuando se constata que esa costumbre nos supone algún coste de oportunidad o algún perjuicio, o cuando nos hemos olvidado del sentido por el que la adoptamos.

Los niños, por ejemplo, adoptan muchas costumbres sin hacer ninguna reflexión previa, sino porque así han sido educados. Deciden con base en lo que sus padres o educadores sugieren o recomiendan. Sin esta orientación externa, estarían indecisos o se aferrarían a la primera que pasara por delante, con consecuencias no siempre deseadas.

No es hasta pasados algunos años cuando se formulan las preguntas sobre el sentido de cada hábito de comportamiento. A ese momento se lo denomina «maduración». La reflexión de la persona joven sobre los comportamientos heredados pero no reflexivamente decididos puede desembocar en una crisis, que se resuelve, o bien rompiendo radicalmente con el pasado, o bien adoptando de forma convencida algunos de esos comportamientos y abandonando otros, o bien, finalmente, aceptándolos forzadamente —por razones de situación social o de obligación moral—, lo que suele suponer una postergación de ese conflicto. No superar esta crisis puede provocar que una persona se instale en una adolescencia adulta: gente de 40 años o más que continúa decidiendo sin encontrar sentido.

De todos modos, no hace falta ser un niño: todos volvemos de tanto en tanto a estas situaciones de indecisión infantil. Es decir, en algunos casos particulares, nos seguiremos comportando como niños a la hora de tomar decisiones. Por ejemplo, cada vez que aprendemos una nueva habilidad, o cuando entramos en entornos totalmente desconocidos, nos dejamos guiar por alguien en quien confiamos, que nos guía para acertar y no equivocarnos. Si uno quiere aprender chino, va a clase y se pone en manos de un especialista en el idioma. Solo a un arrogante o a un estúpido se le ocurrirá cuestionarle de entrada a una profesora especializada una entonación en un idioma que desconoce. Si queremos conocer París en un día, nos fiaremos de un guía experimentado a la hora de planificar las etapas del recorrido y seleccionar los lugares que debemos visitar.

Solo después, con nuestra experiencia, podremos valorar si aquella profesora de chino o aquel guía turístico nos dieron buenas recomendaciones.

Si esta valoración posterior cristaliza en una idea concluyente, la próxima vez que decidamos sobre los temas «aprender chino» o «visitar París», nuestra decisión estará —o podrá estar— más guiada por la racionalidad y la reflexión. La decisión estará basada en unos motivos más profundos que la primera vez. Ya no nos comportaremos guiados por la recomendación, sino también por la reflexión racional.

En resumen, podemos afirmar que la decisión y la reflexión racional van de la mano, aunque no siempre en el mismo orden ni del mismo modo. La reflexión racional es más costoso conseguirla, porque implica una experiencia previa y su asimilación, pero genera convicciones más profundas, convicciones que, a su vez, facilitan decisiones futuras.

Pero tener más experiencia no garantiza automáticamente ser más reflexivos ni tomar mejores decisiones. De hecho, en algunos campos solo raramente la cosa funciona así. Me explico: cuanto menos importante nos parezca el tema, más fácil será renunciar a la racionalidad y seguiremos confiando la decisión a un recomendador, como la primera vez.

Pongamos un ejemplo: hemos tomado la decisión de parar a mediodía para comer. Esta decisión la heredamos de nuestros padres, que siempre nos hacían comer aunque no nos apeteciera parar de jugar con nuestros hermanos y hermanas. En algún momento, hicimos uso de razón y comprobamos que, efectivamente, compensa comer cada mediodía. Quizás la racionalización vino después de un día en el que nos olvidamos de comer y llegamos a la cena sin fuerza para agarrar los cubiertos.

Experiencia asimilada.

Pues bien, quizás para nosotros es esta la decisión fundamental (comer), y no el tipo de comida que consumamos. Siendo así, si lo que toca es decidir dónde comer (y no el hecho de comer), quizás no reflexionaremos mucho: entraremos al restaurante más cercano, pediremos la carta y preguntaremos qué platos recomienda la casa.

La recomendación es la tabla de salvación de los indecisos. La recomendación funciona porque permite tomar decisiones de forma muy cómoda en este segundo nivel, este que subjetivamente pensamos que no es tan importante. En el mundo físico, la utilizamos constantemente.

En Ciutadella de Menorca, ciudad que conviene visitar al menos una vez en la vida, hay una tienda de comestibles con fama de contar con la mejor oferta de productos típicos. Me la mostró el periodista y amigo Llorenç Allès en uno de los viajes de trabajo que me ha tocado hacer en los últimos años. La tienda se llama Ca Na Fayas. La verdad, no he consultado nunca ninguna guía de la isla ni las recomendaciones que aparecen en las redes sociales sobre Ca Na Fayas: me bastaba la recomendación de Llorenç, que es natural de allí.

La experiencia adquirida en las primeras compras me ha convencido de que es el lugar idóneo donde encontrar buena sobrasada, ensaimadas y quesos, de modo que, en las siguientes ocasiones en las que he entrado, ya no he necesitado la recomendación de Llorenç. Además, la persona que me atiende es la misma cada vez, y tiene la capacidad de recordar caras y alguna circunstancia del comprador, lo que hace más grata la visita, además de permitirle recomendarme qué productos comprar sin apenas advertir si se trata de las mejores ofertas del momento o si hay algo que me pueda interesar más. Confío en esa persona.

Cuanto menos conocimiento, menos experiencia y mayor indecisión, mayor importancia tendrá la recomendación; dicho en términos negativos, más vulnerables seremos a la toma de decisiones a partir de las sugerencias de terceros.

La indecisión no afecta solo a las compras de souvenirs, a la elección de un automóvil o al aprendizaje de un idioma. Es uno de los hábitos que pueden convertirnos en personas muy desinformadas en internet.

La red está llena de recomendadores que compiten por nuestra atención del mismo modo que los tenderos tratan de vendernos los mejores productos en un bazar abarrotado. Y, si la indecisión es crónica, la desinformación está prácticamente asegurada, o bien porque el recomendador no quiere informarnos, sino retenernos en una página, o bien porque pasamos de una información a otra sin ser capaces de distinguir qué es lo verdaderamente importante.

Además, como la vasta información disponible en medios, páginas y redes sociales es en su mayor parte gratuita, relegamos una gran parte de las decisiones de lectura al segundo nivel: el irreflexivo, es decir, más vulnerabilidad aún.

¿Cómo son los recomendadores en internet? ¿Qué los mueve? ¿En qué se parecen a la dependienta de Ca Na Fayas o al guía de París?

En internet nos sugieren algoritmos de recomendación. Estos son los razonamientos que hace el entorno digital para destacarnos aquella información que probablemente nos interese más. En ocasiones se sitúan bajo el epígrafe «Te recomendamos…», pero también bajo «Los que se interesaron por este producto también compraron…», o «Fulanito y menganito también han compartido este artículo». Están pensados —programados— con la finalidad de proporcionarnos alguna información que no hemos buscado pero que, una vez descubierta, nos gustaría leer. En otras palabras: incorporan a nuestra experiencia de consumo de información nuevos datos y noticias que aparecen en la pantalla en función de una serie de criterios. El más importante de ellos es la probabilidad de que cliquemos en el enlace que lleva a tales datos y noticias.

A estos mecanismos se los enmarca dentro de la llamada «inteligencia artificial». Son procesos lógico-matemáticos que operan a partir de unas condiciones: si les ha interesado a A y a B, quizás le interese a C porque es amigo de A y B, por lo que se lo mostraré también a C cuando visite la red social. La reacción de C a ese contenido se incorpora al razonamiento y la máquina decide si la próxima vez operará del mismo modo o distinto: si C ha clicado en la noticia, reforzará en el algoritmo la afinidad de los tres usuarios; si no lo hace, quizás no volverá a recomendarle a C lo que comparten A y B.

El algoritmo necesita datos para funcionar: sobre nosotros y sobre lo que hacemos. En función de cómo hayamos actuado en el pasado, nos sugerirá contenidos en el presente.

El peligro de desinformación es evidente: si durante una temporada me ha interesado un tema y sigo informándome de eso, el algoritmo me irá presentando únicamente contenido similar a ese, con independencia de si es o no verdaderamente importante. Si lo trasladáramos al mundo de la alimentación, sería como si un restaurante nos ofreciera siempre comida similar a la que nos gustó el primer día.

Entrar indeciso en internet es como encender la tele para zapear. La diferencia es que el algoritmo zapea por ti: tú solo tienes que dejarte llevar por tu «lazarillo digital».

Recomendadores en internet, como en la vida fuera de la red, los hay de muchos tipos. Esta inteligencia artificial que alimenta el algoritmo puede ser sabia o estúpida. Puede recomendar como la propietaria de Ca Na Fayas de la Ciutadella menorquina o como un estafador o un diletante. En efecto, puede ser sabiduría programada, adolescencia programada o directamente estupidez programada.

En el restaurante al que vamos habitualmente, si el maître es un buen profesional, nos ofrecerá propuestas similares, pero no siempre exactamente lo mismo. Si es muy bueno, podrá incluso recomendar platos con el único objetivo de que tengamos una dieta equilibrada o desaconsejar alguna preferencia porque descompensaría los ingredientes ingeridos durante la semana.

Pero puede ocurrir lo contrario: que nos ofrezca sin parar lo que sabe que nos gusta, por activa y por pasiva, en cualquier oportunidad que tenga, sin que le preocupe lo más mínimo si se nos dispara el colesterol o nos sale una úlcera en el estómago.

¿Quién no ha visto alguna vez un forcejeo entre quien lleva unas copas de más y el camarero que se resiste a servirle otra? Hay algoritmos que lo que hacen es llenarte la jarra de cerveza sin darte siquiera tiempo a levantarte para tomar aire.

Volvamos al mundo del consumo de información en las redes y las webs. Lo que ocurre en internet es que, a diferencia de los restaurantes con los alimentos, las recomendaciones de los medios de comunicación y de las redes raramente velan por tu dieta informativa en primer lugar.

Su prioridad, al menos hasta el momento, es que permanezcas en su página, porque, a más tiempo dentro de los límites de su sitio web, más dinero en publicidad para ellos. Que te vayas informado o desinformado es tu propia responsabilidad, y si acabas informativamente borracho no suele haber nadie para frenarte.

Dicho de otro modo: todo depende del motivo que subyace en la recomendación. Muchos lugares de internet —también los medios de comunicación— basan su modelo de negocio en el tiempo que pasamos en su página. Si saben que un tipo de contenido eleva la probabilidad de que estemos más tiempo en ella, ¿por qué no mostrarlo más? Su interés legítimo es nuestro tiempo, nuestra experiencia dentro de sus territorios digitales. La pregunta es si esta era nuestra finalidad cuando visitamos la página de ese diario digital. Es probable que, si bien acudimos a esa web con la finalidad de estar mejor informados, salgamos más desinformados y con mucha información «recomendada» que no suma calidad a nuestro conocimiento de aquello que íbamos a buscar o de los temas clave del momento.

El algoritmo de Facebook ha sido acusado de desinformar a los usuarios sobre temas políticos, porque refuerza las visiones más sesgadas por encima de las más equilibradas como consecuencia del funcionamiento automatizado del muro de noticias a partir de las interacciones de los usuarios. El lazarillo digital de Facebook —el algoritmo de recomendación— solo prioriza la información que piensa que nos va a gustar más y, por tanto, a retenernos más tiempo en Facebook. El debate no es baladí, porque en realidad a nadie se le muestra nada que él no haya expresado de algún modo u otro que le gusta…

Quizás, pues, la culpa sea compartida entre el algoritmo y el usuario.

El debate del borracho de barra y su camarero.

Así las cosas, nos encontramos con que la indecisión crónica convierte a la persona en especialmente vulnerable a los sesgos del algoritmo. Un indeciso tiende a aislarse en una burbuja, la de sus propios gustos, pero una burbuja diseñada especialmente a gusto de su propio generador: un algoritmo creado por algún negociante con la finalidad de monetizar nuestra experiencia.

La indecisión puede parecer inocua, pero en manos de un mal recomendador nos puede llevar a una desinformación aguda y a mucha pérdida de tiempo. Esto en el menos grave de los casos, pues las consecuencias pueden llegar a ser mucho más funestas.

Volvamos a Facebook, cuyo algoritmo ha sido el primer gran especialista en conseguir convertir masivamente una buena experiencia de usuario en un negocio lucrativo, pero que muchas personas utilizan habitualmente como fuente de información. A través de lo que podría parecer un pasatiempo o una pérdida de tiempo —mirar el muro de Facebook—, la realidad percibida por miles de personas puede ser tergiversada.

Partiendo de esta realidad —que el algoritmo tendía a generar burbujas ideológicas—, miembros del Ejército de Birmania se aprovecharon en 2017 de Facebook para crear una opinión contraria a la etnia rohinyá, difundiendo noticias falsas a través de perfiles y páginas populares en su país. La consecuencia es por todos conocida: una limpieza étnica con centenares de muertos y decenas de miles de desplazados. A fuerza de consumir un discurso de odio hacia los miembros de esta etnia, con noticias falsas y perspectivas tendenciosas, la opinión pública acabó apoyando e incluso participando en una injusta expulsión de miles de personas de sus hogares.

El inconveniente de consumir información sin saber bien de qué fuente estamos bebiendo —algo característico de la experiencia de Facebook de muchas personas— y sin un hábito de consumo ordenado —como el que sigue un menú con primer plato, segundo plato y postre, pero aplicado a las noticias— hace que haya sobreinformación de algunas cuestiones y lagunas de ignorancia de muchas otras.

De la indecisión por recomendación se pasa a la desconexión de la realidad más inmediata, porque uno permanece —por la conjunción de su voluntad y del algoritmo— aislado en una burbuja. La suya, sí, y a su gusto, pero burbuja al fin.

Mucho se ha escrito sobre las burbujas informativas. Un elemento imprescindible en su aparición no ha sido la propaganda rusa o una supuesta programación maliciosa del algoritmo, sino la propia indecisión inicial del usuario, que va saltando de tema en tema sin la pertinente reflexión.

Este aislamiento se puede contrarrestar si las decisiones sobre cómo informarnos las quitamos del segundo nivel antes referido y las subimos al primero. Es decir, si reflexionamos sobre la experiencia de cada consumo de información que realizamos y sacamos conclusiones sobre la conveniencia o no de repetir ese consumo.

Se trataría de comportarnos del mismo modo cuando consumimos información que cuando compramos un ordenador, una cafetera o una prenda de ropa. El factor dinero implica —presumiblemente, claro— reflexionar la decisión. Si hay que gastar, uno se lo piensa un poco más.

El paradigma de la compra por internet es Amazon, que, por descontado, tiene también algoritmos de recomendación. Hugo Zaragoza, uno de los ingenieros expertos en *machine learning* de Amazon, recuerda, de hecho, que sus recomendaciones se centran en compras potenciales y no en la información periodística, de manera que hay una capa más de datos en comparación con los medios digitales: aquí se tienen en cuenta no solo los clics y los comentarios de otros usuarios, sino también las transacciones económicas. Es más, las recomendaciones de los otros usuarios «no influyen directamente», asegura Zaragoza, en las recomendaciones del algoritmo. «Usamos datos de compra con aprendizaje automático para recomendar productos que los clientes pueden considerar», explica. Y añade: «Intentamos ser transparentes sobre por qué recomendamos algo, poniendo, por ejemplo, "Los clientes que compraron X también compraron Y", "Comprados con frecuencia juntos" y "Qué otros artículos compran los clientes después de ver este artículo"», porque realmente así ha ocurrido y así se puede documentar.

¿Cómo comprobar si padecemos los inconvenientes de la indecisión?

Este ejercicio puede ser un buen punto de partida. Supongamos que tenemos un hábito reflexionado y ya incorporado de mantenernos informados. Lo incorporamos hace mucho tiempo, en un momento de nuestra vida en el que nos dimos cuenta de que convenía tener un conocimiento preciso de la actualidad general. Durante décadas cubrimos esta necesidad con la prensa escrita y la televisión, pero últimamente usamos internet, visitando las páginas web de uno, dos o tres medios de comunicación.

Es sencillo: elabora una lista de los temas sobre los cuales siempre has querido estar informado, escribiéndolos en un papel uno detrás de otro, de memoria, sin romperte mucho la cabeza.

A continuación, abre el navegador de internet —Google Chrome, Mozilla, Safari o el que sea—, repasa el historial de navegación y observa qué noticias has visitado la última semana. ¿Son las mismas temáticas? Cuanto más distintas sean, mayor será tu grado de indecisión en la navegación y mayor la influencia de factores distintos a tu interés inicial en tu toma de decisiones. Si te interesaba la política internacional, ¿por qué has consultado el tuit viral que lo está petando entre la jet set de Hollywood?

La navegación sin un fin muy claro es similar a ir paseando por la calle de la mano de un adolescente que sistemáticamente llama nuestra atención sobre aquello que le interesa, empleando para ello todos los recursos a su alcance. Más que ante una inteligencia artificial genérica, estamos ante un adolescente artificial.

En efecto, no se trata solo de un problema nuestro, de que no dudemos de la dirección que tomar. También influyen la habilidad y la astucia con las que el programador de la web haya dispuesto los contenidos que van apareciendo a medida que el cursor va bajando por la página. La experiencia de usuario ha ido mejorando con el paso de los años, de modo que la navegación en internet puede llegar a ser, hoy día, mucho más fácil que en el pasado. Se analizan todos nuestros comportamientos, hasta el tiempo que pasamos en cada espacio de la página, la velocidad con la que deslizamos el cursor, el tiempo de permanencia en un vídeo, los tipos de contenido que nos entretienen más, etc.

A propósito de este viaje de la mano de un adolescente, cabe preguntarse si en algún momento marcamos algún límite. Este sería un segundo ejercicio para detectar el grado de indecisión: comprobar en qué medida somos capaces de acotar nuestro consumo de contenidos en internet en un horario.

En efecto: una señal clara de que padecemos de indecisión crónica es la dificultad para zanjar la experiencia frente a la pantalla. El tiempo es finito, pero el indeciso no lo sabe. Empieza y no logra acabar, porque las sugerencias de contenido nuevo se han adaptado tanto a aquello que le gusta que siempre vence a cualquier otra alternativa. En esta clave cabe interpretar los sistemas de *autoplay* que se activan en las plataformas de vídeo online: cuando hemos acabado un vídeo, empieza a cargarse otro que no hemos solicitado, pero, sin embargo, no podían haber elegido otro mejor. Y así nacen los atracones de series.

Hay cierto paternalismo de base en la programación del algoritmo: da la opción de que, *de facto*, no tengamos que tomar ninguna decisión, porque él las toma por ti.

Se sirve de una vulnerabilidad extendida: el miedo a equivocarse y la presión por adoptar la mejor de las decisiones. De este modo, pasa de ser un recomendador a un educador.

La indecisión crónica lleva, al final, a consumir información sin sensación de culpa —por haberse equivocado en una elección—, pero confiando a los algoritmos la posibilidad de que ese consumo nos desinforme sobre nuestro entorno.

Cabe preguntar, pues, a los programadores de los algoritmos cómo nos protegen de nuestra propia indecisión en los casos en los que esta nos lleva a beber de fuentes de información equivocadas. ¿Qué es más importante, nuestro confort psicológico o la precisión de nuestra visión de la realidad que nos envuelve? ¿Es mejor vivir desinformados pero felices, o bien informados aunque la información nos provoque desazón o no encaje con nuestras expectativas de cómo deberían ser las cosas?

No son iguales las decisiones que nos definen y las que nos defienden: puedo decidir qué aspectos me configuran, o puedo decidir qué evitar o permitir que me condicione: el primer caso es proactivo; el segundo, reactivo. Del mismo modo, tampoco se parecen las decisiones que nos distraen y las que nos evaden. Estar indeciso sobre cómo invertir el tiempo libre y distraerse por un rato de las preocupaciones del trabajo afecta al ámbito de la diversión. En el contexto de internet y las redes, puesto que la diversión y la información compiten por nuestro tiempo en igualdad —solo a un clic de distancia—, muchos productores de información usan los mismos recursos que el entretenimiento y la ficción a la hora de llamar nuestra atención. De esa manera podemos acabar marcando en el mismo plano de decisión la elección de una serie y la elección de las noticias que nos proporcionan la visión de la realidad. Lo primero nos distrae, pero lo segundo puede, o bien conectarnos, o bien evadirnos.

Hay decisiones que, repetidas, generan un comportamiento que condiciona las decisiones futuras en un sentido, automatizan la toma de decisiones y dificultan cada vez más un cambio de rumbo. Sin reflexión, nuestra toma de decisiones puede acabar adaptándose a la inteligencia artificial, hasta el punto de que, en cierta manera, quien ponga la parte de la inteligencia no seamos nosotros, sino las máquinas, y nosotros quienes representamos el papel más artificial en la decisión. Pero, en todo caso, lo preferible es que la inteligencia la ponga el humano y lo artificial, la máquina.

Cuando queremos recuperar el control de las decisiones que nos definen, debemos empezar por tomar decisiones que nos defiendan. El entorno de internet no es estático y silencioso: antes de que nosotros tomemos decisiones, hay impactos que buscan condicionar nuestra experiencia.

El primer paso, pues, es reaccionar a tanta sugerencia, como cuando uno entra en un bazar y le quieren vender de todo quince personas a la vez. No compres al primero que te asalte ni te compres una lámpara para la sala de estar cuando no tienes dónde ponerla. En internet te van a recomendar muchas personas-algoritmos a la vez, y es probable que cosas distintas.

Es preciso tener un fin en mente y anteponer la reflexión a la decisión.

Este esquema sencillo te ayudará a hacer una autoevaluación:

RIESGO DE DESINFORMACIÓN POR INDECISIÓN CRÓNICA
Reflexión sobre las decisiones

ALTA REFLEXIÓN +
POCO TIEMPO =
RIESGO MÍNIMO

ALTA REFLEXIÓN +
MUCHO TIEMPO =
RIESGO BAJO

Tiempo libre

BAJA REFLEXIÓN +
POCO TIEMPO =
RIESGO MEDIO

BAJA REFLEXIÓN +
MUCHO TIEMPO =
RIESGO MÁXIMO

¿Dónde crees que estás tú situado?

Hábito 4

La ansiedad informativa

Entre mayo y julio de 2018, más de una docena de personas fueron linchadas hasta la muerte por turbas enardecidas en diversas zonas de la India. Y todo por un WhatsApp: el denominador común de aquellos trágicos y mortales sucesos fueron unas cadenas de mensajes compartidas a través la aplicación de mensajería WhatsApp en las que se avisaba de la existencia de unas bandas organizadas de tráfico de niños y de órganos. Hasta donde se sabe, muchas de las víctimas eran completamente inocentes. Los agresores eran en muchos casos usuarios de WhatsApp relativamente novatos,[1] que daban como cierto lo que veían en su pantalla.

Las autoridades, alarmadas, buscaron cómo desmentir estos bulos que tan funestas consecuencias estaban teniendo en personas sin culpa alguna. Y apenas un mes después, en agosto de 2018, a muchos kilómetros de Nueva Delhi, sucedía un caso similar.

Fue en la localidad mexicana de Acatlán de Osorio (Puebla). Allí, una multitud sustrajo de la custodia policial a dos detenidos acusados de ser «robachicos», los sacaron a la calle y los quemaron vivos. La fiscalía dictaminó posteriormente que las víctimas eran dos campesinos (Alberto y Ricardo, tío y sobrino). El linchamiento fue seguido y jaleado por numerosas personas que lo grabaron con el móvil y lo retransmitieron a través de las redes sociales.

Según informaba la prensa local, una de las personas que lo vio en Facebook era la madre de Ricardo, que defendía la inocencia del chico.[2] Parece ser que eran dos albañiles procedentes de Tianguistengo, a diez minutos de coche, que habían ido a por arena con su furgoneta y pararon a tomarse algo. Fueron detenidos por una falta relacionada con este último hábito. Pero a los exaltados —que habían recibido el aviso de que unos robachicos rondaban la zona— les bastó ver una furgoneta con dos desconocidos para atar cabos y tomarse la justicia por cuenta propia.

Posteriormente, se identificó a un usuario de Facebook llamado Francisco Martínez, alias Tecuanito, como uno de los difusores del mensaje que originó la masacre, publicado unos días antes de la tragedia:

COMUNICADO IMPORTANTE SI TIENE HIJOS EN LA ESCUELA ME PIDIERON DE FAVOR QUE YO INFORMARA, VALLA POR ELLOS, MANDE POR ELLOS, PIDA DE FAVOR DE PASO SE LOS TRAIGAN POR HAY, HAY QUE PREVENIR

Y SI VEN ALGO SOSPECHOSO SUVANLO A LAS REDES PARA APOYARNOS, DE PREFERENCIA EN LAS AREAS MAS MARGINADAS SE PUEDE PRESTAR ESTO DE, ROBO, SECUESTRO, Y HASTA PARA COMERCIALIZAR SUS ORGANOS DE ANTEMANO GRACIAS CUIDEMOS DE NUESTROS HIJOS Y A NUESTRA SOCIEDAD DONDE VIVIMOS GRACIAS SU AMIGO TECUANITO EN VIVACHO CUIDENSE Y LES MANDO UN CORDIAL SALUDO.[3]

Según parece, Tecuanito aspiraba a ser una suerte de periodista-informador de la zona a través de su perfil de Facebook. Su última publicación es del 29 de agosto de 2018. Su muro se ha llenado desde entonces de improperios por haber difundido un bulo que ha tenido tan funestas consecuencias.

Mensajes alarmantes los hay también de muchos otros tipos. Centenares de habitantes de Lugo, por ejemplo, se inquietaron en noviembre de 2013 por la difusión a través de WhatsApp de la siguiente afirmación:

Si os tocan el timbre unos rumanos para vender colonia, decirles que no y no la oláis, que si la hueles te duermes y te roban en casa. Avisad a todo el que conozcáis. Salió hoy en TvG.[4]

El mensaje fue desmentido. Por fortuna, no se linchó a ninguna persona de nacionalidad rumana.

También a finales de 2013, Madrid se alteró por unos mensajes que eran más o menos como el que sigue:

Hola a todos, atencion. Hay amenaza de bomba en las lineas de alcorcon, goya, sol, colon, pio...

La amenaza ronda a la estacion de principe pio en concreto, pero ya sabeis... no te puedes fiar... ojo con renfe tb

Si conocéis gente difundid esto, es importante porq han decidido no contarlo en la tele

Pio esta acorazada de secretas y nacionales

Igual es una broma pero por si acaso, estad pendientes de gente q conozcais q pueda coger el metro esta tarde-noche-mañana por la mañana (me lo acaban de pasar, no sé si será verdad, pero más vale ser precavidos).[5]

Han circulado historias por el estilo en diversos lugares con un proceso similar: difundiendo un aviso en las redes sociales o aplicaciones de mensajería que algo muy malo puede suceder de manera inminente. Como consecuencia de la difusión, un número significativo de personas entra en un estado de pánico o ansiedad del cual desean salir. Finalmente, la ansiedad disminuye o desaparece cuando se da con un culpable o cuando se logra desmentir el rumor original.

Para estos casos, los sociólogos y criminólogos emplean la expresión «pánico moral». Según la Oxford Research Encyclopedia of Criminology,[6] el pánico moral es un fenómeno endémico en las democracias occidentales, un miedo desproporcionado a un mal que amenaza con provocar un malestar general, compartido por muchas personas.

La relación entre esta sensación generada y compartida de pánico y los hechos concretos sobre los que teóricamente se sustenta no es siempre la misma: puede ir desde la invención total a partir de un problema relativamente menor (es decir, que se está exagerando la importancia y no es justificable tanta preocupación) hasta la manipulación sistemática de un problema mayor.

A diferencia de un debate público o de una preocupación social, el pánico añade al malestar hostilidad, un consenso generalizado con respecto a las causas del mal, y desproporción, como si no hubiera nada igual de nocivo en la sociedad. Se puede exagerar la amenaza, se puede vilipendiar socialmente a los señalados como culpables y también a los que minimizan el problema o le proporcionan un contexto distinto al de los partidarios del pánico. Se entra en una espiral de la que colectivamente se busca salir... al precio que sea.

Los estudiosos han identificado algunos ámbitos temáticos que tienden especialmente a ser terreno de fenómenos de pánico moral: todo lo referido a la protección de la infancia, cuestiones de salud pública como las drogas y el alcohol, la inmigración, los avances tecnológicos, el crimen callejero y el terrorismo moderno.

El pánico moral es una situación de malestar colectivo donde la gente clama soluciones. Normalmente la intensidad baja o desaparece cuando se dan algunas de estas circunstancias:

— Su desplazamiento por otros problemas más novedosos y dramáticos, especialmente en los medios de comunicación;

— Su resolución aparente o simbólica por medidas legales o similares;

— Una disminución en los síntomas del problema como resultado de las iniciativas de control social;

— La aparición de desmentidos que desafían o desacreditan a los creadores del pánico moral.[7]

Como su nombre indica, este tipo de pánico suele tener un componente de fondo relacionado con algún valor moral y su solución suele implicar la reafirmación o la transformación de elementos considerados identitarios de la sociedad, que se asusta cuando se siente amenazada.

En España, hace unos meses, se generó en las redes un fenómeno de pánico moral alrededor de una broma de Dani Mateo, que en un programa televisivo se sonó la nariz con una bandera de España. Más allá de si la broma era de buen o mal gusto, la desproporción de la reacción inmediata con la realidad de los hechos, vistos en frío y en perspectiva, le hacen a uno preguntarse: ¿realmente fue para tanto?

De hecho, es esta la cuestión: el pánico plantea que sí es para tanto y que superar la amenaza que supone esa disidencia o transgresión señalada con un dedo acusador se convierte en la prioridad absoluta. Los linchadores mexicanos gritaban: «¡El pueblo unido jamás será vencido!».

En estos contextos, el valor de la información se transforma. Si en un estado normal de clima social podemos considerar mejor o peor una información por su capacidad de describir la realidad de las cosas, en situaciones de pánico moral la información es valiosa en la medida en que funciona como válvula de escape de la presión. En otras palabras: las noticias cotizan en función de si actúan como bálsamo o como catalizador del malestar, y no en función de si son verdad o mentira.

El denominador común de todos estos contextos de pánico y tensión es que en todos ellos hay muchas personas en estado de ansiedad, aquello que la RAE define como «estado de agitación, inquietud o zozobra del ánimo».

Desde la perspectiva personal, el consumo de información fiable en estas condiciones se torna muy difícil: evaluamos lo que nos llega en un estado de ánimo que dificulta ser críticos.

En este mismo marco de consumo complejo de información están las situaciones de guerra, que alteran el ánimo de todos. Bajo este tipo de contextos es más fácil encontrarse con situaciones de desinformación generadas por la ansiedad informativa. Se percibe una agitación general por el miedo real a perder lo que se tiene y por la incertidumbre sobre el resultado final de la contienda.

Pues bien, las redes pueden generar continuamente el contexto informativo propio de las guerras sin que ocurran necesariamente en la vida real, incluso con una dificultad añadida: las redes me conectan a tantas cosas tan lejanas que no tengo tiempo material ni capacidad de desplazamiento suficientes como para poder contrastar si aquella agitación que siento está justificada o no por los hechos concretos.

La ansiedad molesta a la audiencia, pero ayuda a vender periódicos y a consumir información. Si la tecnología permite generar artificialmente un estado de histeria o exagerar una situación ¿qué puede impedir que un medio lo genere si prescinde de su autorregulación o de la lealtad que debe a la realidad de las cosas, tal como se prevé en su ética profesional? La prensa sensacionalista pervive en internet en forma de vídeo viral, de portal de noticias o de canal de YouTube.

La ansiedad informativa es como un hambre voraz o una sensación de sequedad en la boca que clama comida o agua. La desinformación aparece cuando confundimos agua dulce con agua salada.

Veamos, a modo de ejemplo, tres tipos de situaciones de desinformación digital provocadas por la ansiedad informativa, pero con distintas motivaciones de fondo.

En primer lugar, se encuentra lo que en sentido estricto define el fenómeno de la ansiedad informativa: aquella ansiedad motivada por la sensación de no estar suficientemente informado, sensación que puede ser aliviada con noticias o rumores que van directamente al punto fundamental que la provoca. Normalmente son informaciones que comunican hechos trascendentales o datos clave para evitar un perjuicio más o menos inminente.

Pongamos, por ejemplo, el conocimiento de la situación financiera de un banco. El usuario no familiarizado con la lectura de balances y la lógica de los mercados, si percibe cierta incertidumbre —real— en el sector financiero y un buen día le llega el rumor de que el banco donde tiene sus ahorros se encuentra en peligro de bancarrota, ¿qué hace? Sí, muchas veces la primera acción es sacar el dinero de ese banco, y luego ya se verá. El problema es que, si muchas personas reaccionan de la misma manera para salir de la ansiedad que les produce la posibilidad de perder los ahorros, es más probable que el banco en cuestión cierre. Y si estaba en una buena situación, lo que era falso al inicio del rumor es cierto al final: acaba teniendo problemas.

Algo así sucedió en la ciudad boliviana de Cochabamba en 2010. Según parece, a principios de junio empezaron a circular por teléfono mensajes breves y claros: «Dicen que el banco está en quiebra» o «Dicen que el Gobierno va a intervenir el banco». Se pensó que se hacía referencia al Banco de Crédito de Bolivia (BCP), y el rumor llegó a oídos del periodista del diario *La Voz* de Cochabamba Julio Saavedra, que lo compartió con el director del rotativo.

El día 9 de junio, en la edición impresa de este periódico local, se afirmaba así:

Los ciudadanos cochabambinos expresan su preocupación por el destino que podrían tener las entidades bancarias, como por ejemplo se especula que en el Banco de Crédito BCP podría existir una corrida de fondos porque el rumor crece y se agiganta de que esa entidad bancaria podría quebrar.

Esta información desencadenó una retirada masiva de fondos. En un día, los clientes en esa ciudad, 6 millones de bolivianos, retiraron algo más de 750.000 euros. El banco salió en defensa de su fortaleza y anunció acciones contra el periódico. La Autoridad de Supervisión del Sistema Financiero (ASFI) de Bolivia desmintió que hubiera sobre la mesa intervención alguna y dijo que la entidad estaba saneada. El Banco de Bolivia emitió este comunicado:

BANCO CENTRAL DE BOLIVIA DESMIENTE CATEGÓRICAMENTE RUMORES SOBRE «UNA POSIBLE QUIEBRA DEL BANCO DE CRÉDITO (BCP)».

El Banco Central de Bolivia rechaza enfáticamente rumores con relación a la situación del Banco de Crédito (BCP) y señala lo siguiente:

1. El rumor se originó en la ciudad de Cochabamba, mediante la publicación del periódico *La Voz*, con fecha 9 de junio que tituló: «Rumores de posible quiebra del Banco de Crédito crecen», sin basarse en ninguna fuente confiable y sin respaldar ni confirmar la información vertida como simple especulación.

2. La Autoridad de Supervisión del Sistema Financiero (ASFI) realiza la supervisión diaria de las entidades bancarias y el Banco Central de Bolivia hace un seguimiento diario de la liquidez del sistema y de cada banco en particular.

3. Con base en la información disponible en ASFI y en el Banco Central se concluye que la situación del Banco de Crédito es sólida, líquida, rentable y tiene una buena calidad de sus activos.

4. Con respecto al seguimiento de la liquidez del Banco de Crédito, el Banco Central concluye que esta entidad cumple con los requerimientos del encaje legal, tanto en efectivo como en títulos, lo que significa que mantiene la proporción de los depósitos del público que según la norma debe constituir en el Banco Central.

5. Cabe destacar que esta entidad mantiene en el Banco Central más de 10 veces del encaje requerido en efectivo. Esto significa que tiene la suficiente liquidez para honrar sus obligaciones con el público. Además, el Banco Central dispone de los mecanismos para atender oportunamente los requerimientos de material monetario a nivel nacional.

6. El Banco Central informa también al público que cuenta con facilidades de liquidez para atender cualquier contingencia. Es así, que a solicitud de las entidades financieras dispone de créditos con la garantía de los propios recursos que los bancos tienen en el Fondo de Requerimiento de Activos Líquidos. Asimismo, puede otorgar créditos de liquidez con la garantía de títulos públicos y privados. Cabe notar que el Banco de Crédito dispone de un importante monto de recursos invertidos en estos instrumentos.

Por todas estas razones, el Banco Central de Bolivia manifiesta categóricamente que no existe ninguna razón para poner en duda la solidez del Banco de Crédito en particular y del sistema financiero en general, y condena rumores que atentan a la estabilidad financiera del país y dañan a la población boliviana.[8]

Un portavoz del medio alegó lo siguiente sobre los lectores: «Parece que no tomaron en cuenta claramente lo que dice el titular de la nota, en la que se indica que son rumores».[9] El BCP optó por denunciar a los profesionales del medio al amparo del artículo 91 de la ley de bancos del país:

Las personas individuales o colectivas que por cualquier medio difundan información falsa acerca del sistema financiero que induzca o provoque el retiro masivo de depósitos de una o varias entidades de intermediación financiera, induzcan a los clientes a no cumplir con los compromisos financieros adquiridos, dañando y/o deteriorando la imagen y estabilidad de una entidad de intermediación financiera o del sistema financiero nacional, serán consideradas como autores del delito de daño calificado previsto y sancionado por los artículos 1980, 1990, 2320 y 3580 del Código Penal. Se excluyen del alcance del presente artículo, los estudios, análisis y opiniones de carácter científico que, con base a información auténtica y verificable, estén orientados a evaluar o calificar el sistema financiero o sus actores, buscando maximizar su eficiencia y desarrollo.[10]

Por otro lado, el gerente del BCP en Bolivia, Diego Cavero, explicó la dificultad de desmentir el rumor sin que el propio desmentido confirmara la impresión de que la entidad se estaba quedando sin dinero: «Lo que sí no queremos es que el cliente sienta que le digamos "No saques tu plata". La mejor muestra de la solidez es que si el cliente quiere retirar sus fondos encantados se los entregamos».[11]

Al cabo de unas semanas, el periodista autor de la noticia fue despedido. Según declaraciones de entonces, la publicación sin contrastar de aquella información vino motivada por el deseo de los propietarios de aumentar las ventas de diarios.

En la memoria anual del BCP de 2011 se anotaron 350.000 bolivianos por «resarcimiento de daños efectuado por el medio de comunicación *La Voz*».[12]

Lo curioso del BCP es que unos años más tarde volvió a ser víctima de una situación similar. En marzo de 2017, la ASFI emitía el siguiente comunicado:

> Ante falsas versiones que circulan en redes sociales:
> ASFI DESMIENTE RUMORES SOBRE QUIEBRA DEL BANCO DE CRÉDITO BOLIVIA S.A.
> La Paz, 21 de marzo de 2017.- La Autoridad del Sistema Financiero (ASFI), ante versiones infundadas que circulan en redes sociales sobre una posible quiebra del Banco de Crédito S.A. (BCP), informa a la opinión pública y en especial a los ahorristas de esta Entidad Financiera, que la misma es una de las más sólidas y solventes del Sistema Financiero nacional. En

este sentido, ASFI recomienda no dar ningún tipo de credibilidad a estos mensajes anónimos que se difunden por redes sociales.

El Banco de Crédito de Bolivia S.A., es una entidad que cuenta con licencia de funcionamiento, siendo una de las más grandes del país, con más de 2.415 millones de dólares en activos, lo cual representa el quinto Banco del Sistema Financiero; además mantiene 1.853 millones de dólares en captaciones del público, una cartera de créditos de 1.676 millones de dólares, un índice de mora de 1,8%, y un coeficiente de adecuación patrimonial de 12,08%, muy por encima del 10% establecido en la Ley N° 393 de Servicios Financieros y del promedio del sistema bancario, indicadores que evidencian que el BCP S.A. goza de estabilidad financiera.

ASFI es la única entidad reguladora en el país para brindar información oficial sobre la situación de las entidades financieras, situación que se enmarca en la Ley N° 393 de Servicios Financieros y que es su responsabilidad velar por el sano funcionamiento y desarrollo de las mismas, además de preservar la estabilidad del Sistema Financiero en el país.

Finalmente, en cuanto a las falsas versiones de supuesta quiebra que circulan en las redes sociales, esta Autoridad de Supervisión efectuará las acciones pertinentes para dar con los responsables de la presunta comisión del Delito de Difusión de Información Financiera Falsa, tipificado y sancionado en el inciso f) del Artículo 363 quater del Código Penal, incorporado por el Artículo 491 de la Ley del Sistema Financiero, que determina que se considera delito financiero, la difusión de información financiera falsa acerca del sistema

financiero o de sus entidades, que induzca o provoque el retiro masivo de una o varias entidades de intermediación financiera, dañando o deteriorando la imagen y estabilidad de
una entidad de intermediación financiera o de dicho sistema,
mismo que es sancionado con privación de libertad de cinco
a 10 años.[13]

Según parece, el detonante de esta nueva oleada de rumores no fue una noticia en un periódico local, sino un
audio que circuló por WhatsApp y algunas publicaciones
en las redes sociales. En Facebook, el día 22 una usuaria
originaria de Cochabamba comentaba, con mención a 43
usuarios más:

> ALERTA BANCO BCP, en quiebra:
> Se dice que dicho banco se declarará en quiebra.
> Si ud. tiene sus ahorros en dicho Banco, tome sus precau-
> ciones!

Enlazada en la publicación estaba la segunda parte del
vídeo de la youtubera Marianela Montenegro, con decenas
de visualizaciones en YouTube y publicado unas semanas
antes, el 4 de marzo: BCP IMPUTAN A SUS EJECUTIVOS EN BO-
LIVIA.[14] Unos años antes, en diciembre de 2015, esta misma
youtubera publicó un vídeo bajo el título BANCO PERUANO
BCP EN LA MIRA, en cuya introducción afirmaba lo siguiente: «Vamos a tocar un tema que es de suprema importancia

y que, por supuesto, puede y ha llegado a perjudicar a una increíble cantidad de personas, y víctimas en este caso, de acuerdo a toda la documentación, a la abundante documentación que tenemos, en relación al Banco de Crédito». El enunciado es una expresión casi perfecta si lo que se quiere es despertar y canalizar una ansiedad informativa hacia una acción.

El 23 de marzo de 2017, la cabecera *El Día* —un rotativo profesional— compartía en Facebook un enlace con este comentario: «BCP estaría en quiebra, según redes sociales». El titular de la noticia a la que dirigía el enlace era «Asoban y Asfi respaldan "plena solvencia" del BCP».

Un banco paraguayo, Visión Banco, se vio afectado también por otro audio de WhatsApp, en el cual se anunciaba un cierre inminente en octubre de 2016. En este caso, el autor del audio, Gustavo Insaurralde, se entregó a las autoridades. Era un antiguo trabajador del banco. Alegó que, teniendo presentes los antecedentes de dos familiares que habían perdido la vida por situaciones de quiebra de bancos, se vio desesperado con el despido: «Lamento que se haya viralizado pues ni yo me explico lo que pudo haber pasado, pero sí quiero llamar a la población a que se tranquilice, que los ahorristas estén tranquilos con esta entidad bancaria».[15]

Los bancos, como las acciones en bolsa, son temas que pueden despertar ansiedad informativa a causa del gran desconocimiento sobre su funcionamiento en determinadas capas de la sociedad. El caso de estos bancos de Bolivia y Paraguay son paradigmáticos, pero hay muchos más. Básicamente, el proceso que se sigue es el siguiente:

1. Se comparten sospechas sobre algún aspecto del funcionamiento del banco: puede ser un problema legal (es lo que principalmente aduce el vídeo sobre el BCP), de liquidez, de gobernanza o de otra índole.

2. A medida que se difunde, los matices se pierden y el acento se pone en los perjuicios que esa mala noticia puede generar a la persona que está compartiendo la información.

3. Las personas que se encuentran en un estado de mayor ansiedad —normalmente las menos informadas antes de que les llegara el rumor— empiezan a actuar de acuerdo con la noticia falsa: retiran el dinero del banco.

4. Si son muchos los que dan credibilidad a las informaciones, las decisiones que toman individualmente pueden acabar convirtiendo la noticia falsa —que el banco va a quebrar— en una noticia verdadera —que la entidad no tiene liquidez—. Es el «autocumplimiento». Por este motivo, en algunas legislaciones se castiga penalmente la difusión de información falsa en contextos financieros.

Como apuntaba, hay un segundo tipo de ansiedad informativa. Es la que viene motivada por una sensación subjetiva de malestar emocional: un miedo, una esperanza o un odio que alteran el equilibro. A diferencia del primer tipo de ansiedad informativa —la sensación de que nos faltan datos, así en abstracto—, en este caso la inquietud tiene ya incorporada una idea preconcebida, algo en lo que se está pensando y a lo que se le da vueltas. Como consecuencia, los nuevos datos cotizan al alza o a la baja según doten de fundamento y canalización a ese malestar o esperanza.

El riesgo de desinformación es claro: se puede dar por buena una noticia no por su correspondencia con la verdad, sino por su adecuación al prejuicio interno, que es lo que genera tal ansiedad.

Esto lo sabían muy bien los creadores de rumores británicos durante la Segunda Guerra Mundial, que señalaban como ingrediente fundamental para el éxito de una noticia falsa el hecho de que reforzara una afirmación ya presente en la audiencia a la que se dirigía.

Por ejemplo, el racista da por buenas con más facilidad informaciones que presentan a los inmigrantes como delincuentes porque lo hace sentir mejor consigo mismo. Por el mismo motivo, pero en sentido inverso, el antirracista desacredita con más facilidad la misma información.

En estos casos, las emociones nublan la capacidad crítica: no nos dejan valorar en su justo peso cada dato y cada información que nos llega.

Un caso recurrente es el del vídeo viral de un supuesto musulmán dando una paliza a una enfermera en un centro médico español. Las imágenes muestran una brutal sucesión de patadas y puñetazos de un hombre a dos mujeres en lo que parece una sala de espera de, efectivamente, un consultorio médico. La principal versión compartida por Facebook en España la publicó un usuario en marzo de 2017 con el siguiente comentario: «Musulmán dando las gracias por su acogida en Europa en un Centro de Salud Español. Imágenes que TVE no difunden para no crear alarma social. ¡Manda huevos, nos van a comer con patatas!».

El vídeo se ha compartido más de 500 veces y suma más de 30.000 visualizaciones. Entre los comentarios figuran reacciones como:

«Nos comeeen, po la justicia dirá: no pasa nada pobrecito es morito.»

«Que vergüenza. Eso solo se ve en España en América le dan 4 tiro y a Tomás por culo.»

«Q lo cojan y lo manden a su país… Verá lo bien q lo tratan alli A ver la justicia española… mancha de cobardes.»

«Yo lo siento, pero como aquí no levante la cabeza el del bigote esto no tiene arreglo.»

«Hijo de la gran puta cogia las sills y se ls metia x el culo ☹☹☹ normal q no quieran crear alarma social xq iriamos a x todos».[16]

Pero no todos los comentarios son de aprobación. Muchos comparten con cierta indignación otros enlaces que desmienten que sea un musulmán en un centro médico español. De hecho, si se hace una búsqueda sencilla en Google, puede uno encontrar la versión original, que sitúa los hechos reales unas semanas antes… en Nóvgorod, Rusia: el agresor en un borracho iracundo.[17]

Sitios web como Maldito Bulo (www.maldita.es) se están convirtiendo en puntos de referencia para contrastar este tipo de historias, y en este caso reaccionaron con rapidez. Lo interesante del caso es que, pasado más de un año, se volvió a viralizar con ocasión de la campaña electoral de las autonómicas en Andalucía que auparon a la formación Vox, una de cuyas líneas discursivas es la antiinmigración. De hecho, a la hora de generar pánico moral son los medios y los partidos políticos los que pueden tener mayor capacidad de impulso.

En el espacio para comentarios de Facebook, el usuario que colgó este vídeo viral salió al paso de las críticas compartiendo otro vídeo, cuyo audio era el siguiente:

> Si atraviesas ilegalmente la frontera de Corea del Norte, te caen 12 años de trabajos forzados. Si atraviesas ilegalmente la frontera de Irán, te detienen por tiempo indefinido. Si atraviesas ilegalmente la frontera de Afganistán, te disparan a matar. Si atraviesas ilegalmente la frontera de Arabia Saudí, te meten en la cárcel. Si atraviesas ilegalmente la frontera de China, es posible que jamás se vuelva a saber nada de ti…
>
> Si atraviesas ilegalmente la frontera de Venezuela, te acusarán de espía y tu futuro se habrá acabado. Si atraviesas ilegalmente la frontera de Cuba, sufrirás cadena perpetua como

preso político. Pero... SI ATRAVIESAS ILEGALMENTE LA FRONTERA DE ESPAÑA, consigues: Un certificado de empadronamiento. Un trabajo y, en su caso, un subsidio de paro. Una tarjeta de la Seguridad Social. Un colegio gratuito para tus hijos. Un montón de políticos, instituciones y medios de comunicación que te protegerán, incluso más que a los españoles. El derecho a enarbolar la bandera de tu país cuando te manifiestes para protestar porque no se te respeta suficientemente. El derecho a utilizar los símbolos y normas de tu religión, mientras atacas a los utilizados por la mayoría de los españoles. El derecho a delinquir reiteradamente sin que te encarcelen ni te expulsen de España. Y, en determinados casos, ¡el derecho a votar!

Este texto se remonta al menos a 2010. Más allá de su precisión y verosimilitud, permite comprender el estado de prevención —prejuicio— con respecto a la llegada de personas de otros países de quien lo comparte.

La desinformación generada por prejuicios con una carga emocional elevada es difícil de detectar, porque hunde sus raíces en convicciones muy profundas. El ejercicio más rápido para empezar a combatir este hábito desinformador consiste en sustituir al protagonista de la historia (una persona o colectivo que genera antipatía) y poner en su lugar a una persona querida: en ambos casos bastaría poner el mismo esfuerzo en contrastar la información negativa.

La tercera y última desinformación motivada por la ansiedad informativa es la zozobra que genera la incapacidad colectiva de definir qué está pasando. Los estudiosos del rumor han identificado en numerosos casos reales que la abundancia de información no contrastada en una sociedad es directamente proporcional a la importancia que tiene el tema discutido, multiplicada por lo ambiguo e incierto de su definición.

En efecto, una indefinición general sobre un tema importante puede llevar a una ansiedad general, o hasta una histeria colectiva, estado en el cual es difícil informarse bien. En contextos de desastres naturales, por ejemplo, muchas personas pasan los primeros momentos sin saber exactamente qué está pasando, pero conscientes de que su vida está en peligro.

Esta ansia contrarresta la precariedad informativa con hipótesis y remite en el momento en que una fuente de información creíble define la situación de modo convincente. Si esta fuente no existe, la colectividad intenta llegar a un consenso para actuar en consecuencia. Cuando el consenso no se logra, suele haber, no obstante, algunas opiniones mayoritarias en función de las fuentes de información en las que se confía.

El paradigma de este tipo de ansias informativas —y de riesgo de desinformación— son los atentados terroristas y, como ya se ha apuntado, las catástrofes naturales. La gestión de la incertidumbre en las primeras horas es vital. Se lanzan hipótesis —«Ha sido ETA», «Han sido los del Estado Islámico», «Ha sido un accidente», «No ha sido un accidente»,

«Han muerto muchos, «Hay terroristas suicidas», etc.— y el público las evalúa en una conversación masiva.

A falta de mejor información, pueden circular fotografías y tuits interpretados de mil modos distintos. Los conspiranoicos (me remito al hábito 2, la incredulidad crédula) pueden tener en este tipo de situaciones un público ansioso que los dé crédito: cuanto más confusa sea la situación más grande podrá ser su momento de gloria.

La precariedad informativa es más soportable y la ansiedad más llevadera si la fuente, a la que se cree, es fiable, porque la prioridad no es solo comprender exactamente lo que está ocurriendo, sino salvarse. En Estados Unidos, los servicios de emergencia suelen habilitar un sitio web para responder a todos los rumores en circulación. El siguiente ejemplo se refiere al huracán Florence,[18] que afectó a la costa este en septiembre de 2018. Los servicios de emergencia publicaron un listado de datos verificados que seguían el mismo esquema que este:

Rumor: la central nuclear de Brunswick está en peligro debido a las inundaciones cercanas.

Hecho: los dos reactores en Brunswick son seguros y estables. Ambos tienen energía de la red y sus sistemas de seguridad funcionan normalmente. Los operadores de la planta declararon un evento inusual, la clasificación de emergencia NRC más baja, debido a las inundaciones y los daños por tormentas que limitan el acceso al sitio por parte de vehículos personales.

Este tipo de servicios informativos en Estados Unidos es habitual y cuenta con antecedentes ya en la Segunda Guerra Mundial, durante la que los rumores generaban inquietud entre la población. Había toda una «industria de la ansiedad» con fines propagandísticos. Y no es para menos: está comprobado que el estado anímico contribuye a la idea de realidad que tenemos en la mente y en la que basamos nuestras decisiones.

La ansiedad informativa es, pues, un hábito que nos hace vulnerables a la desinformación. Para saber si padecemos este tipo de vulnerabilidad, además de consultar al médico o de fijarnos en si estamos psicológicamente ansiosos —motivo suficiente para ser precavido con los rumores—, debemos intentar identificar dos factores: el volumen de la información fiable (a mayor volumen, menos posibilidad) y la importancia del tema (a mayor importancia, mayor posibilidad).

Este esquema sencillo te ayudará a hacer una autoevaluación:

RIESGO DE DESINFORMACIÓN POR ANSIEDAD INFORMATIVA
Volumen de información fiable

Importancia del tema

VOLUMEN ALTO +
IMPORTANCIA BAJA
= RIESGO MÍNIMO

VOLUMEN ALTO +
IMPORTANCIA ALTA
= RIESGO BAJO

VOLUMEN BAJO +
IMPORTANCIA BAJA
= RIESGO MEDIO

VOLUMEN BAJO +
IMPORTANCIA ALTA
= RIESGO MÁXIMO

¿Dónde crees que estás tú situado?

Hábito 5

El confusionismo relacional

En 2018, el Gobierno británico decidió crear un ministerio exclusivamente dedicado a tomar medidas para evitar que las personas estén solas. Calcularon que unas 200.000 personas mayores no habían tenido una conversación con un amigo o un pariente en el último mes. Theresa May anunció en junio un gasto inicial de 20 millones de libras, y en octubre presentaron una estrategia gubernamental titulada «A connected society: A strategy for tackling loneliness».[1]

Con respecto a la soledad o a la compañía, las plataformas digitales que conocemos como redes sociales son un fenómeno que genera encendidos debates: usar Facebook o Instagram ¿nos conecta más con los demás o nos aísla? Los británicos también se lo preguntaron, y en esta estrategia gubernamental se afirma que el grado en el que las redes aumentan o reducen la soledad «podría depender de qué plataforma se utiliza, y de si se utiliza como sustituto de la interacción en la vida real o como complemento de la misma».

Uno de los estudios científicos más recientes es el de las doctoras Rebecca Nowland y Elizabeth Necka y el doctor John Cacioppo, los tres del ámbito de la psicología,[2] publicado en 2017, en el que hacen un repaso de toda la investigación realizada hasta ese momento. Básicamente, la pregunta es si las redes sociales ayudan a combatir la soledad o, por el contrario, contribuyen al aislamiento, especialmente en el caso de la gente joven.

Una persona aquejada del hábito desinformador del cuñadismo diría que, por supuesto, las redes sociales atontan y aíslan a los jóvenes.

La realidad es un poco más compleja.

En la investigación, dirigida por la doctora Nowland, se afirma que se dan ambas cosas; en términos científicos, que «existe una relación bidireccional y dinámica y el uso social de internet». Y precisan:

> Cuando se usa internet como una estación de paso en la ruta para mejorar las relaciones existentes y forjar nuevas conexiones sociales, es una herramienta útil para reducir la soledad. Pero cuando las tecnologías sociales se utilizan para escapar del mundo social y retirarse del «dolor social» de la interacción, aumentan los sentimientos de soledad.

En este sentido, «las personas solitarias expresan una preferencia por el uso de internet para la interacción social y es más probable que lo usen de una manera que desplaza el tiempo dedicado a las actividades sociales offline». Un estudio sobre la relación entre la depresión y el uso de las redes sociales en los jóvenes norteamericanos concluyó que lo realmente problemático es cómo se usan, no el tiempo dedicado.[3] Como ya se ha mencionado anteriormente, la Royal Society for Public Health de Reino Unido investigó, por su parte, el impacto de cada una de las distintas plataformas sobre la salud mental de los adolescentes británicos, y con respecto al uso de las redes en general concluía lo siguiente:

- El 91 % de los jóvenes de 16 a 24 años usan las redes sociales.
- Las redes sociales han sido descritas como más adictivas que los cigarrillos y el alcohol.
- Las tasas de ansiedad y depresión en jóvenes han aumentado un 70 % en los últimos 25 años. El uso de las redes sociales está vinculado con mayores tasas de ansiedad, depresión y falta de sueño.
- El acoso cibernético es un problema creciente: 7 de cada 10 jóvenes dicen que lo han experimentado.
- Las redes sociales pueden mejorar el acceso de los jóvenes a las experiencias de salud e información de expertos de otras personas.
- Aquellos que usan las redes sociales informan de que tienen más apoyo emocional a través de sus contactos.

Este estudio de salud pública británico pedía a los encuestados que valoraran la incidencia, positiva o negativa, de un número determinado de plataformas sociales según 14 factores:

1. Conocimiento y comprensión de las experiencias de otras personas.
2. Acceso a la información de expertos en la que confiar.
3. Apoyo emocional (empatía y compasión de familiares y amigos).
4. Ansiedad (sentimientos de preocupación, nerviosismo o malestar).
5. Depresión (sentirse extremadamente infeliz).
6. Soledad (sentimientos de estar solo).
7. Dormir (calidad y cantidad del sueño).
8. Autoexpresión (expresión de sentimientos, pensamientos o ideas).
9. Identidad propia (capacidad para definir quién eres).
10. Imagen corporal (cómo te sientes acerca de tu imagen de ti mismo).
11. Relaciones en el mundo real (mantener relaciones con otras personas).
12. Construcción de la comunidad (sentimiento de pertenencia a una comunidad con ideas afines).
13. Acoso (comportamiento amenazante o abusivo hacia ti).

14. Miedo a perderse algo (sentir que necesitas estar conectado porque te preocupa que puedan pasar en tu ausencia).

Sin ánimo de realizar un estudio con todo el rigor científico, pregunté por estos mismos factores a familiares y amigos a través de mis redes sociales. En concreto, sobre qué tipo de influencia —positiva o negativa— sentían que las redes sociales ejercían en cada uno de esos puntos. La percepción general es la misma que en el caso británico: depende de la red y del aspecto. Facebook puede ayudar a conocer y comprender las experiencias de otras personas o a obtener apoyo emocional, pero claramente no es buen lugar si lo que quieres es acceder a fuentes de información fiables. Twitter, en cambio, es el lugar preferido para esta última función. La red del pajarito también ayuda a crear comunidad, a definirse y a expresarse. Por contra, se percibe como más perjudicial cuando de lo que se trata es de combatir el nerviosismo o los sentimientos depresivos. Igualmente —y en esto coincide mucho con Instagram—, no ayuda a combatir el acoso. WhatsApp se percibe como el modo más natural de mantener relaciones sociales que ya existen en la vida real.

Eso sí: ninguna ayuda a dormir más o mejor y todas tienden a acrecentar el miedo a perderse algo más que a erradicarlo.

La influencia de las redes sociales digitales, pues, no es ni positiva ni claramente negativa con respecto a las redes de relaciones reales de nuestro día a día en el mundo exterior. No se sabe en qué medida la culpa de que una persona se pase muchas horas enganchada a una red social es de la capacidad adictiva de la plataforma digital de la que se trate, o bien de un problema previo que causa esta adicción. Dependiendo del uso que hagamos del entorno digital y de la plataforma en cuestión, el resultado será distinto.

Estamos en una situación de ambivalencia. El punto clave que inclina la balanza hacia los efectos positivos o hacia los negativos es nuestra capacidad de gestionar correctamente las expectativas en las relaciones que establecemos en los entornos digitales. En otras palabras: saber dar a cada relación el valor que tiene y esperar cosas de ellas que realmente pueden dar.

Se trata, en definitiva, de evitar un hábito que origina numerosas desinformaciones autoprovocadas en el ámbito de las emociones: el confusionismo relacional.

El diccionario de la RAE recoge dos acepciones de la palabra «confusionismo»: «Confusión y oscuridad en las ideas o en el lenguaje», y «Estado de pensamiento infantil donde se mezclan las cosas». La desinformación por confusionismo es caer en interpretar una relación, o la reacción de otro usuario de la red social, de una manera que no se corresponde con la real.

El problema no es simple, puesto que no se trata solo del riesgo de confundirse en el paso de lo real a lo digital en una relación. A esto se añade la manera en que lo digital permite redefinir las relaciones que se tenían antaño, antes de que la tecnología apareciera. Es un nuevo entorno con relaciones que no siempre se pueden transponer desde el mundo real sin alterarlas.

Pensemos, por ejemplo, en las relaciones entre los trabajadores y los Gobiernos. En el mundo exterior, y reconocido por ley, la representatividad de los trabajadores corre a cargo de unas instituciones llamadas sindicatos. Bien, pues desde mediados de los 2000, cuando Facebook apenas iniciaba su expansión mundial, ya se podían encontrar trabajadores críticos con el sistema que se organizaban al margen de los sindicatos a través de esta plataforma social. Facebook y Twitter han demostrado la capacidad de desintermediar muchas relaciones sociales que la ley preveía de otra manera.

En 2006, *Time* nombró «Person of the Year» al usuario de las redes sociales. Esta revista otorga tal reconocimiento desde 1927 a aquella persona, idea, lugar o institución que haya tenido mayor influencia en el mundo durante ese año. El escritor y especialista en tecnología Lev Grossman fue el encargado de proponer a tan insólito protagonista, *tú*, es decir, el lector que se convierte en usuario productor de información por virtud de las redes sociales. A pesar del aire de ingenuidad que rezuma su artículo pasada ya la eternidad de más de 10 años —una barbaridad en términos digitales—, su artículo concluía con una reflexión sobre el papel que las redes digitales jugarían en las relaciones reales que puede resultar sugerente:

> Es un error romantizar todo esto más de lo estrictamente necesario. La web 2.0 aprovecha la estupidez de las multitudes, así como su sabiduría. Algunos de los comentarios en YouTube te hacen llorar por el futuro de la humanidad solo por la ortografía, a parte de la obscenidad y el odio desnudo.
>
> Pero eso es lo que hace que todo esto sea interesante. La Web 2.0 es un experimento social masivo, y como cualquier experimento que valga la pena probar, podría fallar. No hay una hoja de ruta sobre cómo un organismo que no es una bacteria vive y trabaja en este planeta que supera los 6 mil millones. Pero el 2006 nos dio algunas ideas. Esta es una oportunidad para construir un nuevo tipo de entendimiento internacional, no de político a político, o de gran hombre a gran hombre, sino de ciudadano a ciudadano, de persona a persona. Es una oportunidad para que la gente mire la pantalla de una computadora y realmente se pregunte genuinamente quién los está mirando hacia atrás.[4]

Las redes nos plantean renovar las viejas relaciones y establecer nuevos tipos. ¿Qué significado doy a cada reacción y a cada relación? Y, en segundo lugar, ¿es un significado compartido con las otras personas con las que me relaciono?

Por ejemplo, los vínculos que tengo en Facebook son calificados por la red social como «amistades», mientras que en

Instagram tengo «seguidores» y «seguidos». ¿Cuál es la diferencia principal entre las dos? Básicamente, la relación de amistad es necesariamente recíproca (la amistad solo existe si ambos usuarios la consideran tal). En cambio, que me puedan seguir sin necesidad de reciprocidad genera un tipo de relación más parecida a la que tienen los famosos con sus fanes. Esta leve diferencia es uno de los puntos clave que explica el éxito de Instagram entre los adolescentes y el fenómeno de los *influencers*.

Ahora bien, ¿qué es un amigo en el mundo real? Diccionario en mano, la amistad es «afecto personal, puro y desinteresado, compartido con otra persona, que nace y se fortalece con el trato». Recientes investigaciones han confirmado de modo matemático que el ser humano puede desarrollar una red social real (es decir, en el mundo físico) por lo general de 150 relaciones como máximo, entre familiares, amigos y conocidos. Estas se organizan en capas, como las cebollas. Las capas son más grandes cuanto más alejadas están del núcleo y más intensas cuanto más cerca están de él. En lenguaje académico diríamos «de tamaño creciente pero intensidad emocional decreciente», como explican los autores del estudio que por primera vez ha presentado un modelo teórico que propone esta cifra.[5]

Estos investigadores constatan un coste distinto en términos de inversión de tiempo y emocional según cuál sea la relación, y al mismo tiempo una capacidad total limitada para invertir en todas las relaciones lo mismo. El primer círculo lo forman 35 personas, entre las que puede haber familiares y amigos muy íntimos. El segundo círculo puede llegar a triplicar esa horquilla, y son los buenos amigos; el tercero, unas 3.035 con las que tratamos con frecuencia, y, por último, hasta un máximo de 150 que se podrían considerar conocidos.

Ahora bien, si uno observa el número de «amigos» que tiene en Facebook, concluirá si puede o no responder a esta definición. Probablemente no.

Uno de los autores de este curioso estudio, Anxo Sánchez, catedrático de Matemáticas de la Universidad Carlos III, explica que «las redes [Facebook] están causando cierta redistribución del capital o esfuerzo que dedicas a cada relación», en el sentido de que «una parte de lo que antes se dedicaba a los amigos se empieza a dedicar a conocidos». Y añade: «Lo que estamos detectando es que Facebook hace que tengas menos amigos y más conocidos».[6] Entonces, quizás lo propio sería cambiar nuestra percepción del término «amistad» en el entorno digital para no desinformarnos. En realidad son «conocidos».

La diferencia entre amigos y conocidos, de acuerdo con este modelo, es la distinta inversión emocional y de tiempo. Un caso de confusionismo relacional sería que a las personas que apenas conozco pero que tengo como amistades en las redes sociales les dedique más atención emocional y temporal que a las que pertenecen a mi primer círculo de relaciones.

¿Y un seguidor? Es aquel que sigue a otra persona, grupo de personas, marca, institución, club de fútbol o celebridad. Tiene algunos sinónimos, como «fan» (del inglés), admirador, aficionado, entusiasta o fanático. Pero ¿responden a esta definición los seguidores de un usuario de Instagram o de una página de Facebook? En una encuesta a una muestra mundial de usuarios de las redes sociales se preguntó por las principales razones que movían a seguir a las marcas en Facebook, Instagram y Twitter.

La clasificación quedó de la siguiente manera:

- Interés en el producto o servicio ofrecido (73,4 %)
- Interés en promociones futuras (58,8 %)
- Entretenimiento (51,3 %)
- Incentivos (42,2 %)
- Interés en la industria a la que pertenece la marca (41,5 %)
- Comunicación con la marca (25,1 %)
- La sigue o le gusta a un amigo (21 %)[7]

Como se puede comprobar, la definición de «seguidor» casi no se corresponde con los motivos que realmente mueven a las personas a darle a «Seguir». De manera que, del mismo modo que con el caso de los amigos, quizás aquí habría que buscar una traducción algo más cercana al significado real, como «interesados» en lugar de «seguidores». Cuando somos nosotros los seguidores, este cambio de significado es fácil, pero cuesta más cuando somos nosotros los seguidos: podemos pensar que tenemos muchos «admiradores», pero en principio no tiene por qué.

Será el día a día de la red social el que dará pistas sobre dónde se sitúa la relación verdaderamente: seguir a alguien se demostrará o bien algo artificial o bien algo sincero y auténtico, y entre las dos posiciones hay un amplio abanico de grises.

Según la percepción que se tenga de cada relación, la predisposición a compartir ámbitos más íntimos de nuestra vida con otras personas y la capacidad crítica para cuestionar la información que nos llega de gente a la que seguimos y admiramos serán distintas.

Pueden darse casos de confusionismo cuando esperamos que una relación nos dé algo que no puede darnos.

Un ejemplo clásico de desinformación por confusionismo es cuando se confía en la información que comparte un *influencer*… sobre un tema del que no tiene por qué saber nada. Iker Casillas —no confundir con Iker Jiménez, el presentador del programa *Cuarto milenio*— fue un célebre portero del Real Madrid CF. En julio de 2018 publicó una encuesta en Twitter:

El año que viene se cumplen 50 años (supuestamente) que el hombre pisó la Luna. Estoy en una cena con amigos… discutiendo sobre ello. ¡Elevo la tertulia a público! ¿Creéis que se pisó? ¡Yo no![8]

No sé si es más inquietante su posicionamiento público o el resultado de la encuesta: de los más de 300.000 usuarios de Twitter que votaron en la encuesta del exportero merengue, un 58 % votó «Se pisó la Luna en el 69», mientras que el 42 % votó «No, nos la colaron».

Ha sido el mejor portero del mundo durante años y acumula récords tanto en España como en el ámbito internacional. Pero, hasta donde públicamente se sabe, el jugador de fútbol no ostenta acreditación alguna para erigirse como experto en viajes espaciales, aunque por la encuesta y por su propia posición parece que tiene seguidores que lo consideran una fuente fiable en estos temas.

El tuit dio pie a una enorme polémica en las redes. La revista *National Geographic* contestó al mensaje con un enlace a una noticia de su web sobre la expedición del Apolo 11 y el siguiente texto: «Iker, sí que se llegó a la Luna». Otras fuentes expertas en divulgación científica rebatieron al guardameta. No faltaron partidarios de Casillas ni quienes se lo tomaran a chanza, como el que afirmaba así: «Realmente el Madrid nunca ha ganado la copa de Europa. Fue un montaje de Franco que luego siguió la UEFA».

Pero la opinión con mayor repercusión fue la del ministro de Ciencia, Innovación y Universidades, Pedro Duque, que además ostenta el honor de ser también astronauta:

Los hechos no cambian opine la gente lo que opine. Los aparatos que llevaron, las huellas, los reflectores láser seguirán estando allí. La foto que despertó el sentimiento de conservación de la Tierra sigue existiendo. https://t.co/uErsTOHkbh.[9]

Por eso, el mejor antídoto contra el confusionismo relacional es reflexionar sobre la razón de ser de cada relación: qué motivo o qué interés me animó a vincularme con este usuario y, en consecuencia, cuál es el ámbito de conocimiento y de sentimientos que compete o no compartir y recibir.

Se trata de aprender a gestionar las expectativas de cada relación.

Esta gestión de expectativas empieza con una triple pregunta: ¿qué me une a esta otra persona?, ¿cuán significativos son para mí estos lazos?, ¿y qué cabe esperar en adelante de esta relación?

El tipo de afinidad que se busca o que se reconoce marcará los límites de una expectativa razonable. Es decir, si hay una relación porque somos seguidores del mismo equipo de fútbol, de entrada cabe esperar que la temática, el ámbito y el contenido de la relación sean todo aquello que afecte a los jugadores y al club en cuestión. Si estamos vinculados porque fuimos al mismo instituto, es probable que sea una relación contextualizada por muchas otras relaciones en común y del mismo grado. Y así en cada uno de los casos.

Para lograr el resultado esperado hay que adaptar la intensidad emocional y el tiempo —los dos factores que señalaban los investigadores de las 150 relaciones— que estamos dispuestos a invertir según la definición de la relación y el significado que se le dé.

En las redes sociales, por otro lado, no solo entramos en contacto con otras personas o instituciones, algunas conocidas previamente del mundo real, sino que lo hacemos en unos entornos artificiales, llámense Facebook, Instagram o Twitter. Cada plataforma genera un ambiente particular que favorece un tipo de relaciones y, en cambio, transforma, cambia o incluso imposibilita otras.

En este sentido, un ejercicio sencillo que puede ayudar a gestionar mejor las expectativas para evitar confundirse es leer las instrucciones de uso de cada plataforma. En otras palabras: qué esperan sus creadores que nosotros hagamos allí, sus expectativas con respecto a nosotros y a la plataforma que ellos han ideado.

Y así es como se definen las principales en el mercado a día de hoy:

Facebook: «La misión de Facebook es dar a las personas el poder de construir una comunidad y unir al mundo. Las personas usan Facebook para mantenerse en contacto con amigos y familiares, para descubrir qué está pasando en el mundo y para compartir y expresar lo que les importa».[10]

Instagram: «Instagram es una aplicación gratuita para compartir fotos y vídeos que está disponible para Apple iOS, Android y Windows Phone. Los usuarios pueden subir fotos o vídeos a nuestro servicio y compartirlos con sus seguidores o con un grupo selecto de amigos. También pueden ver y comentar las publicaciones que comparten sus amigos en Instagram, así como indicar que les gustan».[11]

Twitter: «Twitter es lo que está pasando en el mundo y los temas sobre los que está hablando la gente».[12]

LinkedIn: «la mayor red profesional del mundo con más de 546 millones de usuarios en más de 200 países y territorios. La misión de LinkedIn es sencilla: conectar a profesionales de todo el mundo para ayudarles a ser más productivos y a alcanzar todas sus metas laborales».[13]

Las dos primeras, Facebook e Instagram, además de compartir propietario se describen principalmente a través del uso que quieren que los usuarios hagan de ellas. Serán lo que los usuarios decidan. Por eso quizás sean las dos redes que despiertan más suspicacias en cuanto a su manera de respetar la intimidad de sus usuarios. Aspiran a que desarrolles relaciones de mayor intensidad emocional —más cercanas a tu núcleo principal de amigos íntimos— que en otros casos.

La diferencia de pasar de amigos (Facebook) a seguidores (Instagram) y el hecho de comprobar que la primera está descendiendo en número de usuarios habituales mientras que en la segunda aumentan son un reconocimiento implícito de que los usuarios no están comprando la propuesta de valor de Facebook, porque para muchos ha acabado resultando demasiado invasivo.

Twitter, por su parte, es más descriptivo de las cosas de las que se habla o se comparten. Es contenido que cada uno gestiona de la manera que le parezca. El pacto de relación está un poco más circunscrito al intercambio de información. Por decirlo de modo llano, a Twitter le importa mucho menos el tipo de relación que tengas con el resto de la comunidad: lo que le interesa es ser el escenario donde se comenta lo que pasa en el mundo, el lugar del directo.

LinkedIn tiene una presentación más clásica que la reafirma como lo que es, una red, y que muestra su aspiración de ofrecer un servicio: conectar a profesionales. Si Facebook e Instagram son usuarios y Twitter es contenido, LinkedIn es plataforma, donde tienen lugar relaciones circunscritas al ámbito profesional. En este caso, además, es también muy clara con respecto al número de conexiones de tipo profesional —no amistad— que se pueden llegar a tener, aunque sea discutible lo optimistas que son con respecto a nuestras capacidades.

Es más, a la pregunta sobre el límite de contactos, la web oficial de LinkedIn explica lo siguiente (y lo reproducimos literalmente tal como se lee cs su página):

Para garantizar una experiencia óptima de sitio Web, los usuarios pueden tener hasta un máximo de 30.000 contactos de 1er grado. Te recomendamos que te conectes solo con personas que conoces y en quien confías, como se describe en las condiciones de uso de LinkedIn. Como práctica habitual, sería beneficioso para ti gestionar tus listas de contactos y mantener aquellos que mantuvieras la más alta. Echa un vistazo a más de cómo eliminar contactos.

Aunque hay un límite en el número de contactos de primer grado que puedes tener, el número de personas que te sigan es un número ilimitado. Los miembros que están siguiendo pueden ver, recomendar o comentar sobre lo que compartes públicamente en LinkedIn. Permitir a los miembros que puedes seguir es una excelente manera de llegar a un público más amplio. También puedes usar la funcionalidad «Abrir perfil Premium» a tus seguidores y los usuarios Premium envíe mensajes gratis, incluso si no estáis conectados.[14]

En Facebook, el límite de amistades, consideradas como tal, es de 5.000, pero esta cifra puede superarse cambiando tu estatus de perfil a página, momento en el cual se pasa de amistades a seguidores, que pueden ser ilimitados.

Cuanto más abierta es la definición, mayor puede ser el confusionismo inadvertido o la posibilidad de dar conscientemente un uso distinto al previsto. Históricamente, en Facebook han sido muy habituales los problemas con respecto a la mala gestión de las fronteras de la intimidad, y se acaban compartiendo con extraños cosas que solo se hubieran debido compartir con amigos íntimos, surgiendo así una intensidad emocional elevada con alguien con quien, en la vida real, no la habríamos tenido.

Algo así es lo que les ocurrió a los padres de Rubí, una mexicana que no hizo más que seguir la tradición en su fiesta de 15 años, con la diferencia de que utilizaron las redes sociales para convocar a los invitados. En principio, las familias mexicanas invitan a vecinos y amigos: las personas próximas física y afectivamente. Pero los padres de Rubí, en lugar de hacer llamadas o darse una vuelta por el vecindario, decidieron colgar un vídeo en YouTube, donde el padre de la quinceañera aparece hablando en primer plano:

> Hola que tal, los invitamos este 26 de diciembre a los quince años de nuestra hija, Rubí Ibarra García en la comunidad de la Joya. Estará tocando el grupo Los Cachorros de Juan Villarreal, los indomables de Cedral y el grupo Innegable. En la comida estará tocando Relevo X, y habrá una Chiva de, creo que es de 10.000 pesos en primer lugar, y ya otras dos por ahí nos acomodamos. La Misa es a la una y media de la tarde, en Zaragoza Solís, quedan todos cordialmente invitados, gracias.

El vídeo se compartió en Facebook y al poco se convirtió en viral. El evento publicado en esta red social registró 1,3 millones de asistentes. La familia intentó aclarar que aquella invitación se circunscribía a los conocidos de la zona, pero fue en vano: esperaban 800 invitados, pero se presentaron unos 30.000.[15] Casualmente, el límite de contactos de LinkedIn.

Conforme la red se hace más extensa y más densa —es decir, los usuarios tienen cada vez más relaciones entre ellos—, si no se especifican los límites, el usuario se ve, sin darse cuenta, forzado a compartir su intimidad con extraños. Es una red que, en lugar de conectarnos, nos aprisiona. El dicho de la canción «los amigos de mis amigos son mis amigos» se torna entonces en una desconcertante, y a veces agobiante, realidad.

La consecuencia es la desvirtuación de las relaciones y la extensión de aquello falso y previsible. Dado que no se puede dedicar lo mismo a todas las relaciones —el mismo tiempo con la misma intensidad—, se acaban ofreciendo sucedáneos de relaciones para poder llegar a responder a todos los estímulos relacionales que recibimos a través de las redes sociales. El lenguaje de los emoticonos facilita esa banalización o uniformización a la que se llega cuando uno quiere mantener redes de centenares de «amigos» y «seguidores».

La intimidad, precisamente por definición, es un espacio limitado y limitante: hay un interior y un exterior que tienen que ver con la intensidad emocional y con el interés de las cosas. Es un espacio en el que el interés es la persona misma, y no lo que hace o deja de hacer, donde se la valora por el hecho de ser, con independencia de lo que haga. Este tipo de relación incondicionada es muy difícil que se dé de modo abierto ante los ojos de la red entera y con un número elevado de personas: perdería el valor para la persona receptora del afecto, puesto que el dador estaría obteniendo un rédito con su acción, es decir, el reconocimiento público.

Los matices que dan valor a cada modalidad de relación tienden a simplificarse por la mediación tecnológica en plataformas de carácter más o menos abiertos, como Facebook o Instagram. Se generan en algunas personas obligaciones que no tendrían sentido en el mundo exterior: por ejemplo, exigir que nos sigan a cambio de seguir a alguien, o sentir presión social por publicar contenidos con el objetivo único y exclusivo de dar una impresión determinada a una serie de relaciones, poniendo a la vista cosas que nunca ocuparían ni siquiera un marco de fotografías en nuestra sala de estar.

Es quizás una de las espirales desinformadoras más nocivas, porque afecta a las relaciones más significativas de las personas e incluso a la propia autopercepción. Los casos de violación voluntaria o involuntaria de la barrera entre lo público y lo privado, de la frontera de la intimidad, en las redes sociales son ya muy abundantes, y con consecuencias, en muchos casos, irreversibles. Porque es un hecho que hay cosas que cambian completamente de significado si se dicen en público.

Entre los mecanismos de defensa ante estas distorsiones relacionales se encuentra la generación de un código uniforme de comportamiento en las redes, una apariencia insípida, completamente igual al resto de las apariencias, igual incluso en la manera de transgredir. Es decir, nos creamos sin darnos cuenta una presencia digital falseada —protegida bajo una máscara de corrección política o de uniformidad social— que, también sin darnos cuenta, se relaciona con otras presencias digitales que también son impostadas. En la vida real, estos mecanismos de engaño han existido siempre, aunque difícilmente podía una persona entrar en la intimidad de otra sin que se pudieran detectar; pero en el mundo virtual es más difícil ser detectado simulando ser lo que no somos. La insinceridad digital es más robusta que la insinceridad real ante las tentativas de desenmascaración.

Si existe un yo virtual, el confusionismo relacional se multiplica: la cuestión ya no es cómo complemento y armonizo mis relaciones en el mundo real con mis relaciones en el mundo digital, sino también cómo se relacionan mi yo virtual con mi yo real. ¿Quién soy?, ¿en quién me reconozco?

Esta confusión de relaciones entre mis distintas apariencias puede generar tensiones, cuando menos, curiosas. Así, por ejemplo, la presión puede tomar la dirección inversa a la que cabría esperar: en lugar de un yo real que crea un yo virtual, la creación virtual ha gustado tanto que empieza a presionar al yo real para que se adapte a él. Es lo que explica el fenómeno que algunos medios han denominado «dismorfia Snapchat», la tendencia por la que algunos usuarios de las redes se someten a la cirugía estética para parecerse a los filtros de aplicaciones como Snapchat o Instagram.

La BBC entrevistó en 2018 a varias personas para que dieran su testimonio. Uno de ellos, Kacie, de 29 años, explicaba su caso de esta manera:

> Lo que más le preocupaba era qué iba a pensar su novio cuando la viera en persona, después de haberle enviado decenas de selfies al día por celular y de actualizar sus fotos en Instagram entre 10 y 15 veces cada día.
>
> Me ponía las coronas de flores y el hocico de perrito y me veía tan linda en las fotos… y después me miraba al espejo y pensaba, «ah, esta no es la persona que él ve todo el día en su pantalla», dice Kacie.
>
> Me frustraba cuando me miraba en el espejo, sentía que no era como la persona que yo le presentaba al mundo.
>
> Con los filtros de Snapchat, yo sentía que era bella. Solo necesitaba un empujón para llegar a ese punto.
>
> Así que vio a un cirujano plástico en su ciudad natal de Nueva York y acabó poniéndose inyecciones y rellenos en los labios, el mentón y las mejillas, por aproximadamente US$1.700.[16]

En las redes con objetivos más estrechos, como LinkedIn, las estrategias de impostación y de apariencia se pueden activar, pero se centran en un único ámbito: el laboral. Además, la necesidad de poner avales —títulos y validaciones— permite acudir a terceros para comprobar la veracidad de las afirmaciones.

Las relaciones digitales, pues, conllevan riesgos de desinformación compartida o socializada. En buena parte, la sociedad en conjunto ha pecado de ingenua al creer que se puede ser amigo de todo el mundo. El balance tiene estas sombras, pero también indudables luces: en la cuenta del haber está la posibilidad que brinda la tecnología de las redes sociales de organizar y mantener más relaciones desde la distancia.

Otra buena noticia es que esta tecnología para relacionarse, si previamente se han gestionado bien las expectativas iniciales, es muy provechosa. Quizás no todo serán amigos, pero en cambio se generarán asociaciones por gustos, aficiones o causas compartidas que, sin las redes, serían muy complejas de gestionar.

Así, relaciones que empezaron de un modo muy limitado se han reformulado con el paso del tiempo y del trato, y lo que era una mera relación de amistad en Facebook (de más o menos conocidos) se convierte en una relación de amistad real. Nada impide que una red social cumpla una función distinta a la que estaba inicialmente prevista. Hay incluso quien ha ligado por LinkedIn o Twitter, o ha hecho campaña electoral en Facebook.

Todo es partir de un punto en común y no esperar de entrada que automáticamente se dé una cosa que la tecnología no puede crear: la amistad.

Pero esta lógica de las relaciones a partir de un punto en común no la inventaron Facebook o Instagram. Viene de muy atrás. El escritor y periodista Mario Verdaguer, en *La Vanguardia* del 24 de enero de 1935, explicaba la evolución de una red social *avant la lettre* bastante curiosa: la sociedad Los Federicos, fundada en 1877 en Barcelona.

El ilustrísimo señor don Federico Miracle, revisor de firmas de Su Majestad y forense, según rezaban sus tarjetones adornados con una alegoría con arreglo al gusto de su época, era un hombre rechoncho, de barbita entrecana, cachazudo, bondadoso y extraordinariamente sentimental. Entrado ya en años, se había puesto definitivamente sobre su calva el gorro de dormir del solterón, inmortalizado por Andersen, y llevaba una vida apacible y metódica, una de esas vidas que afortunadamente podían disfrutar los honrados barceloneses del siglo pasado y que ahora, por nuestros pecados, parecen haber pasado definitivamente a la historia.

Una tarde del mes de julio de 1878 don Federico Miracle se sentía hondamente melancólico y se lamentaba de su soledad. Se hallaba en casa de un amigo suyo, formando parte de una de esas tertulias clásicas, en torno de una mesa cubierta con un tapete sobre el cual el quinqué de petróleo vertía una luz amarillenta, alumbrando vagamente las perillas, los altos cuellos, los chaqués negros de esos burgueses de Barcelona del año 70 que tanto se parecían a esos otros burgueses socarrones y conservadores, a esos «whigs» que vemos desfilar por las novelas maravillosas de Dickens. Era la víspera de San

Federico, y el revisor de firmas de Su Majestad se lamentaba, con palabras sentimentales (quizás en su pasado había alguna historia de desengaños a la manera de las estampas románticas) de que en aquel año, como en los anteriores, tendría que celebrar el día de su santo en la más completa soledad, sin una mesa en torno de la cual se sentase una familia alegre y feliz. El dueño de la casa, al oír esto, se apresuró a ofrecer un banquete familiar en honor de don Federico, pero el revisor dé firmas de Su Majestad manifestó que él solo tenía la culpa de su soledad y que nunca le había gustado hacer el papel de aguafiestas.

Aquella noche había en la tertulia, en torno del quinqué de petróleo, un personaje nuevo; era un sacerdote serio, silencioso, que había permanecido en un rincón, sumido en la penumbra.

—Señor revisor —dijo entonces ese sacerdote, tendiendo la mano a don Federico por debajo de la pantalla del quinqué— somos tocayos, no estará usted solo para celebrar el día de su santo. Lo celebraremos juntos. Por mi condición sacerdotal, yo tampoco tengo familia. Haremos una familia de nosotros dos, pasaremos el día juntos como buenos hermanos.

Al día siguiente, 18 de julio de 1878, fiesta de San Federico, apóstol de Frisielandia, pasaron el día juntos el reverendo don Federico Febrer y el ilustrísimo don Federico Miracle. Por la mañana mosén Febrer dijo una misa en el altar de San Federico, en la iglesia de los Santos Justo y Pastor, misa que oyó devotamente don Federico Miracle. Fueron luego ambos a dar unas clásicas vueltas por la Rambla, y el revisor de firmas de Su Majestad invitó al bondadoso sacerdote a comer en una de las más famosas fondas barcelonesas de aquel tiempo. La comida fue suculenta y fraternal, reinó en ella el apacible contento, la alegría pura. Al terminar dieron gracias a San Federico por haberles proporcionado un día tan feliz, se desearon mutuamente muchos años de vida y de amistad y se citaron para el año próximo ante el altar de San Federico, para volver a celebrar de nuevo juntos su fiesta onomástica.

Cataluña es un país esencialmente individualista; sin duda por esto, como espíritu de reacción contra ese individualismo lleno de inviolables aristas, es el país donde existen más asociaciones, más reglamentos, más juntas directivas. Se reúnen algunos catalanes en torno de una mesa de café para hablar de política o para entretenerse jugando a la malilla, descubren que entre ellos hay afinidad de ideas o de gustos; entonces, no os quepa la menor duda, al cabo de poco tiempo decidirán constituirse en sociedad, redactarán unos estatutos, nombrarán una junta directiva y buscarán un bello símbolo para ponérselo en la solapa de la chaqueta. Ese individualismo hosco y hermético impulsa de un modo irresistible a la aglutinación; basta el menor pretexto para que la cohesión se produzca, y este inviolable individualismo catalán sea tal vez la mayor fuerza de Cataluña. Existen en Cataluña, por ejemplo, cientos de asociaciones formadas en torno de un tablero de ajedrez; si un sencillo juego apacible tiene esa maravillosa fuerza de cohesión: ¿qué fuerza aglutinante e inviolable no ha de tener una religión o una bandera entre esos fundamentales individualistas catalanes?

Al año siguiente mosén Federico Febrer dijo su misa onomástica en la iglesia de los Santos Justo y Pastor y la oyó devotamente don Federico Miracle: pero no estaba solo, como el año anterior, había otros once Federicos, que se sentaron después en torno, de la mesa de la fonda. Después de la comida se redactaron unos estatutos, se nombró una junta directiva y mosén Federico Febrer y el ilustre don Federico Miracle fueron proclamados presidentes honorarios. Al año siguiente eran 52 Federicos y una Federica. En 1880 el número de Federicos se elevaba a 100, era ya una magnífica sociedad democrática compuesta por hombres de todas las clases sociales, pues no había más condición para pertenecer a la sociedad que ser honrado y llamarse Federico.[17]

La sociedad Los Federicos siguió creciendo y en el momento de escribirse el texto de arriba contaba con más de 300 socios. A modo de dato curioso, además de comidas por el 18 de julio, habían logrado que la escultura en honor del socio número 93 —el dramaturgo Frederic Soler (Serafí Pitarra)—, que aún se puede ver en la Rambla, la realizara un tocayo, también socio de la entidad: Federico Pechini.

Quizás el Gobierno británico pueda tomar nota de la experiencia e iniciar asociaciones en función del nombre para combatir la soledad de la gente mayor.

¿Cómo saber si soy vulnerable a la desinformación por confusionismo relacional? De todos los hábitos de las personas desinformadas, quizás sea el que más diversidad de casos presenta. Si se quiere buscar una base común, se encontrará en haber realizado mal la armonización entre la relación real y la virtual, confundiendo así lo que puede dar de sí la relación y la intensidad emocional que exige cada caso.

Este esquema sencillo te ayudará a hacer una autoevaluación:

RIESGO DE DESINFORMACIÓN POR CONFUSIONISMO RELACIONAL
Expectativa de la relación digital

	Expectativa de la relación digital	
Intensidad de la relación real	EXPECTATIVA ALTA + INTENSIDAD BAJA = RIESGO MÁXIMO	EXPECTATIVA ALTA + INTENSIDAD ALTA = RIESGO MEDIO
	EXPECTATIVA BAJA + INTENSIDAD BAJA = RIESGO BAJO	EXPECTATIVA BAJA + INTENSIDAD ALTA = RIESGO MÍNIMO

¿Dónde crees que estás tú situado?

Hábito 6

El activismo visceral

La historia de Curro es una historia terrible, triste e injusta. Curro no es una persona. Se trata de un perro de raza, un alano español, que sorprendió a un ladrón rumano en una casa de un pueblo de Huelva. Defendió valientemente la propiedad privada, ahuyentando eficazmente al ladrón, que iba armado con un cuchillo y una barra. El asaltante fue reducido por el perro, que en el ataque lo mordió y le provocó la posterior amputación de tres dedos. La guardia civil llegó a tiempo de detener al ladrón antes de que escapara. Pasados unos días, según parece, un juzgado le reclama al propietario del can que lo entregue para sacrificarlo. Curro, defensor de la propiedad privada, condenado a morir por haber actuado en defensa propia.

Un tal Manuel de Benito contó esta historia, con palabras parecidas, en el portal Change.org, donde se publican peticiones públicas. Su petición concluía así: «Por favor, firma esta petición para salvar a Curro de que sea sacrificado y pueda ser absuelto».[1] En una semana, casi 25.000 personas ya habían firmado la petición.

Pero hay algo más terrible aún: no hay manera de comprobar la veracidad de la historia.

Hasta donde se ha podido saber, Curro no existe.

Un periodista de *El Confidencial* se puso a investigar los detalles y a contrastar distintas fuentes. Y nada. En el momento en que se escriben estas líneas, nada se sabía del perro, del jornalero rumano, del propietario, del lugar de los hechos o del juez inmisericorde. Nada de nada. Los partidos animalistas se pusieron a llamar a los juzgados de la zona. Nadie sabe nada. Tampoco las autoridades pueden dar detalles de algo que no consta en sus registros.

En el origen de la historia está un artículo de la revista *Club de Caza* publicado el 20 de diciembre de 2018.[2] Se hacía hincapié en la propiedad privada, que el noble animal supo defender con bravura, y en el hecho de que la ley se incline por proteger al ladrón en lugar de al animal.

De allí saltó al portal Caso Aislado, que tuiteaba el enlace de su noticia con esta introducción:

> Vergonzoso. El perro que defendió su casa de un ladrón rumano, que acumula más de 70 detenciones por robo, será sacrificado mientras el ladrón rumano se va de rositas siendo puesto en libertad.[3]

Su noticia incorporaba un sesgo menos descriptivo y más agresivo hacia el supuesto asaltante: «¡Qué injusticia! El perro que defendió su casa de un ladrón rumano que acumula 70 detenciones será sacrificado».[4] Setenta en dos años, afirman.

Las redes ardieron en lo que parecía una gran polvareda entre defensores de los animales y partidarios de la caza. El *hashtag* #CurroEstáEnMiCasa fue *trending topic* durante unas horas. Uno de los usuarios más retuiteados publicó lo que sigue:

Posiblemente @PartidoPACMA no llame a las movilizaciones al respecto dado que curro es un perro español y el atacante un sucio rumano con 76 antecedentes, luego curro es considerado x ellos un perro fascista, racista y opresor...[5]

La foto adjunta al tuit era del supuesto animal condenado a muerte por el inmisericorde juez. Haciendo una búsqueda sencilla en Google Imágenes se puede encontrar la misma foto del perro, en la sección «Perro Alano Español» de la web razasdeperro.net. El can elegido lleva un collar de la bandera española.[6]

Si uno va a la noticia original, en la web de *Club de Caza,* aparece en la fotografía otro perro, de la misma raza que el presentado por el usuario de Twitter, pero no parece ni de lejos ser el mismo ejemplar. En concreto, y también mediante una búsqueda rápida en Google Imágenes, se puede encontrar la misma foto en un *post* de 2015 en un blog en inglés sobre razas de perro o en la entrada de Wikipedia sobre esta raza.[7]

Los términos del debate planteado son de resentimiento por el supuesto trato de favor de la justicia española hacia un malhechor reincidente extranjero —el asaltante sabemos por las noticias que es rumano y que además ha sido detenido hasta 70 veces— ante un noble perro de raza española que protegía a un ciudadano español.

El caso, además, llegó solo unos días después de la polémica por la muerte a manos de la Guardia Urbana de Barcelona de una perra, Sota, que acompañaba a un vagabundo y que, supuestamente, se enfrentó a los agentes de la autoridad de forma agresiva.

Los dos casos, si bien son parecidos, movilizan a grupos completamente distintos, tal y como documentó en su momento la analista de conversaciones digitales Mari Luz Congosto. La perra del vagabundo se enfrentó a la autoridad y Curro, a un ladrón. Del primero tenemos fotos de testigos directos; del segundo, fotos de recurso de internet. El primero despertó la indignación de los animalistas; el segundo, la de quienes se indignan con los animalistas porque estos persiguen la caza y la tauromaquia pero no defienden a un perro español que defiende a españoles. Al final, el perro no es el protagonista de los hechos, sino un pretexto, un arma arrojadiza en un debate político o ideológico. Los nacionalistas españoles reclaman para su alano español la misma defensa que los animalistas hacen de Sota, la perra catalana.

Seguramente Curro no existió, aunque su historia en estos medios digitales, y en la mente de algunos de los lectores, sí.

Y de eso se trata: de que algunas personas actuaron como si hubiera sido cierto sin saber si lo fue. Para cuando se comprobara, la persona ya habría actuado y la información ya habría surtido el efecto deseado.

Bienvenidos a la lógica de las *fake news* o noticias falsas.

Antes de que se inventara esta expresión, a este tipo de manipulaciones se las denominaba «propaganda negra», es decir, aquella que no se presenta abiertamente, sino bajo ropajes de información y omitiendo el verdadero emisor y los verdaderos objetivos de la información. El fin no es solo ni siempre incidir en la decisión de voto de modo directo («Vota a fulanito»), sino crear en la mente de la audiencia una percepción de la realidad que la lleve a tomar la decisión de votar a fulanito.

En las redes sociales se ha ido desarrollando una industria de propaganda política especializada en la creación y difusión de noticias —falsas, medio ciertas, tergiversadas o incluso ciertas— que sirvan para transmitir y difundir determinados marcos mentales, pensados para favorecer a una opción política o una causa concretas.

Esta industria se ha hecho más y más grande e influyente gracias al inestimable concurso de todos los usuarios, que hemos validado con nuestro comportamiento la eficacia de este tipo de operaciones, clicando ingenuamente en estas noticias adulteradas o enfocadas propagandísticamente.

Bien, pero ¿qué es exactamente un marco mental en política? Viene a ser la ventana desde la que se mira la realidad que describe la noticia y desde la cual se invita a la audiencia a mirar la realidad. Dependiendo de cuál sea la ventana, unas cosas se verán mejor, otras peor y algunas dejarán de verse.

Numerosos estudios y campañas electorales han demostrado que la audiencia es más fácil que acepte un marco mental a asimilar una indicación explícita sobre a quién votar. Y estos estudios y campañas han demostrado también que, si la audiencia acepta el marco mental propuesto, se consigue el mismo efecto que si se le hubiera pedido explícitamente el voto.

Pongamos un ejemplo. Si las informaciones que consumo en las redes tratan siempre la inmigración como un problema, a partir de datos y anécdotas —ciertos o no— de casos concretos que así lo sugieran, en mi mente se generará una asociación de ideas entre «inmigrantes» y «problemas», de modo que estaré más predispuesto a escuchar a un político que hace esta misma asociación. Así, igual que sintonizamos con la música que nos gusta —que nos gusta normalmente porque ya la conocemos—, somos proclives a sintonizar con quien hace resonar las ideas y perspectivas que tenemos fijadas en la mente.

Ya en 1922 el célebre periodista Walter Lippmann se hizo esta pregunta: «¿Qué es la propaganda sino el esfuerzo para alterar la imagen a la que las personas responden para sustituir un patrón social por otro?».[8]

La propaganda política es quizás la disciplina de persuasión más desarrollada de todas las posibles durante el siglo xx y la que más se ha movido alrededor de la tenue línea entre el legítimo esfuerzo de convencer de la bondad de una causa y la manipulación desleal de la imagen de la realidad. El enorme desarrollo no habría sido posible sin el decidido concurso de los militantes de cada causa. En las democracias liberales a la propaganda política se la ha denominado normalmente comunicación política, *framing* (elaboración de marcos mentales) o simplemente propaganda, sin más adjetivo. En el bloque comunista se denominaba «agitprop», de «agitación» y «propaganda»: agitación de la población para urgir a los líderes a tomar determinadas acciones... en las que los líderes ya tienen interés de antemano pero que adquieren más sentido si públicamente se toman después de un período de agitación social. De esta manera, la población se siente parte activa, activistas verdaderos del cambio. El término en su versión popular en Occidente tiene ahora una connotación negativa y se aplica a todo intento de generar una alarma con vistas a provocar un comportamiento beneficioso en términos políticos.

Sea como fuere, llámese comunicación política o agitprop, el efecto pernicioso de este tipo de manipulación de la realidad en beneficio propio se genera en la medida en que se toman en consideración y se aceptan como si no fueran manipulaciones, sino información cierta.

Está ampliamente comprobado que, cuando una información cuadra con nuestra idea de lo que son las cosas, somos más propensos a pensar que no es propaganda, y cuando esto no es así nuestra capacidad crítica se activa y somos proclives a etiquetarla de burda propaganda, de falsedad. En ambos casos la posibilidad de desinformación es muy alta: por exceso o por defecto de sentido crítico, nuestra visión de la realidad política se puede ver afectada.

En el campo político la complejidad es más alta, en el sentido de que la descripción de la realidad adquiere muchos matices, y en democracia la opinión pública se alimenta precisamente del debate y del choque entre distintas visiones de la realidad. El motivo es claro: detrás de cada visión de la realidad hay un orden de prioridades, una definición de los problemas sobre los que la política debe actuar, y una identidad colectiva con supuestos puntos fuertes y débiles.

Pero, además, el campo político añade un segundo factor de complejidad. Al ser los ciudadanos parte clave en el proceso de elección de responsables políticos, cada decisión de cada ciudadano cuenta, y muchos ciudadanos lo saben y actúan en sociedad para hacer valer este derecho.

Me refiero al enorme campo del activismo social, cívico y político, y no solo, que también, al activismo de los partidos.

Pues bien, el activista es, precisamente, el perfil más vulnerable a este hábito de desinformación relacionado con la política. Las redes se prestan a que el activista se active, como su nombre indica, y las *fake news* y las noticias propagandísticamente preparadas son la munición para el ataque.

Por su lógica tecnológica, las redes son un entorno de debate que se presta a la agitación automatizada. Si uno quiere, puede agitarse por su causa tanto como desee; la agitación aumenta cuando una acción concreta es probable, sea esta una manifestación, una recogida de firmas, unas elecciones, etc. El mecanismo es, además, exponencial: unos pocos bien movilizados pueden activar una bola de nieve que, en unas horas, alcance una audiencia similar a la de un programa de televisión en horario de máxima audiencia. Como la historia de Curro.

Pongamos que tengo interés en difundir una injusticia que ha tenido lugar en la vía pública y que he grabado. Escribo un tuit usando expresiones que apelen a la agitación: «Indignante», «No hay derecho», «Parece mentira», «Esto es lo que pasa cuando…», «Escándalo», «Brutal»… Los adjetivos son una pieza muy adecuada para crear agitación, pero el énfasis tiene que ser calculado para evitar perder credibilidad o ser tachado de exagerado.

Cuando el tuit ya está publicado, lo comparto a través de WhatsApp con mis relaciones. Busco a algunos *influencers* y los pongo también sobre la pista desde el mismo Twitter, mediante mensajes directos o citándolos en nuevos tuits publicados debajo del original del vídeo. Si tengo menos escrúpulos localizo una red de bots —usuarios automatizados— que por un módico precio en una suerte de mercado negro de notoriedad son capaces de generar muchos retuits. Mi tuit con muchos retuits puede ser más proclive a ser creído y redifundido que cuando no tenía ninguno: siempre cuesta más ser el primero que sumarse a la masa.

Cuando la cosa empieza a crecer, el propio algoritmo será más propenso a hacer que mi publicación aparezca en la pantalla de mis seguidores: cuando uno entra no ve absolutamente todos los tuits, sino una selección de lo que Twitter entiende que me interesa más de las últimas horas. Con un poco de suerte, incluso puedo colarme en la lista de las cosas que son tendencia en mi ciudad. Y a partir de aquí rebaso mi propio círculo directo de relaciones y entro en el fenómeno de la audiencia masiva.

Ahora ponte en el lugar del lector. Este toma su móvil y lo consulta unas horas después de la publicación del tuit. Lo único que ve es que en su ciudad es tendencia ese tuit. La percepción es que de lo que se habla en todo el municipio es, entre otras cosas, de mi publicación: ¡menudo bombazo! Y este lector anónimo mira el tuit porque no quiere quedarse fuera de la conversación.

El tuit de ejemplo podría tener un enlace a una causa en una plataforma como Change.org, donde se estarían recolectando firmas para exigir algo. Solo una firmita, ya sabes. Si la agitación ha tenido efecto, es probable que el sufrido lector esté firmando una petición en un tiempo de apenas unos minutos sin haber reflexionado sobre la pertinencia o no de lo que se está reivindicando.

Es lo que se denomina «actuar con las vísceras».

Pensar y actuar con las vísceras es una manera de hablar. El cerebro no está entre los órganos que tenemos en las cavidades de nuestro cuerpo. Que una persona o una reacción sea visceral significa que se expresa o es muy intensa y emocional. Alguien es muy visceral cuando se deja llevar por un pronto donde el factor racional no predomina.

Un activista visceral que se informa a través de las redes sociales es un desinformado en potencia, especialmente vulnerable a los mecanismos clásicos de la propaganda.

Se puede hablar de mecanismos clásicos porque, en realidad, no han cambiado mucho en el último siglo: historias como las del perro alano español de nombre Curro circulan, de palabra, por escrito o en imágenes, desde hace décadas.

La tecnología ha logrado, eso sí, abaratar el coste de desarrollar operaciones propagandistas y ha liberalizado el mercado: ahora se puede lanzar propaganda sin posibilidad de que un Estado o una entidad pueda controlar completamente el acceso a la información de toda la población.

¿Cuáles son los mecanismos clásicos de la propaganda? Clyde Miller enumeró, en 1939,[9] siete mecanismos de propaganda que siguen plenamente vigentes.

El primero se denomina *the name calling*, y consiste en dar el nombre del adversario o del problema, denominarlo. Aquí el propagandista no habla de personas o de situaciones, sino que propone usar nombres que ya vienen cargados de negatividad. No los llamemos políticos o representantes públicos, llamémoslos podemitas, ultras, xenófobos, usurpadores, farsantes, hooligans, fascistas, comunistoides, golpistas... Este sencillo cambio hace que nos formemos un juicio sin examinar la prueba en la cual debería basarse. Se apela a nuestro odio o a nuestro miedo denominando de forma peyorativa a naciones, grupos, razas, políticos, prácticas, creencias o ideales que quieren que condenemos. Por experiencia, el vehículo de este tipo de manipulaciones es el eslogan, la frase corta y original con fines propagandísticos. De hecho, la gran concisión de Twitter ha hecho que los eslóganes sean uno de los géneros más cultivados: frases redondas, fáciles de memorizar, a veces con rima, con juegos de palabras o con llamadas a la acción que enganchan en la audiencia.

El segundo mecanismo citado por Miller es la «generalización brillante». Según parece, esta denominación nació como una manera despectiva de referirse a los principios inspiradores de la declaración de independencia de Estados Unidos. Los partidarios de la abolición de la esclavitud se aferraban, en favor de su causa, a la frase *«All men are created equal»* (Todos los hombres son creados iguales), que se encuentra en el texto fundacional del país; los contrarios a la abolición replicaban diciendo que la declaración no debía tomarse al pie de la letra, sino que eran «generalizaciones brillantes», o vaguedades, que no debían tener una traducción tan concreta.

Existe un testimonio de una réplica antiesclavista de Abraham Lincoln a los segundos, en una carta del 6 de abril de 1859 a Henry L. Pierce, que se escribió para un homenaje a Thomas Jefferson, el que fuera el tercer presidente de Estados Unidos, padre fundador y principal redactor de la Declaración de Independencia. Decía Lincoln así:

Los principios de Jefferson son las definiciones y los axiomas de la sociedad libre. Y, sin embargo, son negados y evadidos, no sin algo de éxito.

Unos los llaman «generalidades brillantes»; otros los denominan sin rodeos «mentiras evidentes»; y aún otros argumentan insidiosamente que se aplican solo a las «razas superiores».

Estas expresiones, que difieren en la forma, son idénticas en objeto y efecto: la suplantación de los principios del gobierno libre y la restauración de la clasificación, la casta y la legitimidad. Se deleitarían con una convocatoria de cabezas con corona, conspirando contra el pueblo. Son la vanguardia —los mineros y zapadores— del retorno del despotismo.

Debemos repelerlos, o ellos nos subyugarán.

Este es un mundo de compensaciones; y el que no sería esclavo, debe consentir en no tener esclavo. Quienes niegan la libertad a los demás, no la merecen para sí mismos; y, bajo un Dios justo, no puede retenerla por mucho tiempo.[10]

La expresión ha quedado para definir no el caso de la esclavitud, sino los casos en los que la conexión de lo concreto con lo general se hace de modo ilegítimo.

En efecto, este mecanismo propagandístico consiste en tratar de vincular a una causa general —con algo de trampa, claro— una propuesta concreta, de modo que implícitamente se vea el apoyo a la propuesta del propagandista como una manera de contribuir a un principio fundamental por el que vale la pena luchar. Otra vez, aquí lo clave son las palabras que se usan: «libertad», «sostenibilidad», «dignidad», «esperanza», «democracia», «reforma», «cambio», «unidad», «orgullo», «poder»…, y cualquier otra que pueda ser percibida como algo necesario o deseado en términos positivos. Aquí se apela a los sentimientos de amor, generosidad o fraternidad, y no al odio. ¿Y qué buscan, si no, los *trending topics* promovidos por los partidos y los *hashtags* de las campañas? Reacciones viscerales.

El tercer mecanismo es la transferencia: el propagandista traslada el respeto que nosotros —la audiencia— profesamos por algo o alguien hacia aquello que él quiere que respetemos. Visto en negativo, muestra su visión de la realidad en unos términos tales que si nos oponemos a dicha visión nos estaremos oponiendo a cosas que para nosotros son muy importantes. Pensemos en la gestión informativa de las banderas y las patrias. Hay que actuar de determinada manera «por la patria». Por ejemplo, en la Primera Guerra Mundial los militaristas de un bando y otro apelaban a lo más sagrado en favor de su causa. «*For God, King and Country*» (Por Dios, el rey y la patria), decían los ingleses. Los alemanes, «*Gott mit uns*» (Dios está con nosotros), que además de ser una frase con resonancias sagradas era también el lema nacional de Prusia y el del imperio. En la Segunda Guerra Mundial, las fuerzas armadas nazis la llevaban en la hebilla de su cinturón. Las SS, en cambio, llevaban una frase con una referencia a Hitler —a él atribuida— en lugar de a Dios: «*Meine Ehre heißt Treue*» (Mi honor se llama fidelidad). Aquí se apela también a las vísceras, en el sentido de que la gran altura del motivo o de los que apoyan la acción lo justifica todo…, incluso que la realidad quede en un papel secundario. Sugerir que la propia causa cuenta con importantes apoyos de figuras indiscutidas tiene un enorme poder de movilización, porque arrastra a la acción a los partidarios acríticos de esas figuras.

La novedad de las redes es comprobar que estos pedestales de influencia son accesibles por nuevos caminos, y se pueden encontrar *influencers* que consiguen una capacidad de prescripción equivalente a la de los reyes de antaño sin quizás tener preparación ni trayectoria reseñable. Se trata de famas muy visuales, asociadas al efecto multiplicador del gregarismo —personas a las que mucha gente sigue porque tienen la fama de que son muy seguidas— y sin un oficio muy claro fuera de las redes.

El cuarto mecanismo clásico de la propaganda es el testimonio: poner a alguien que de primera mano avale lo que se afirma. Es propaganda cuando la persona no está cualificada para hacer un juicio sobre el tema en cuestión, o porque no tiene ni idea, o porque no ha vivido lo que está contando, o porque es arte y parte. El testimonio tiene la credibilidad de la información fresca, sin aditivos ni interpretaciones. Y, a pesar de ser un recurso de manipulación muy manido, sigue funcionando. En las redes, el testimonio tiende a tomar la forma de un vídeo casero, grabado por alguien que estaba en el lugar de los hechos; el político, lo que hace, es redifundir el sucedido como aval para su postura.

El actual presidente del Partido Popular, Pablo Casado, tuvo un célebre gazapo en la selección de un testimonio durante la campaña de las elecciones generales de 2016. Compartió un vídeo de unos disturbios en una calle polvorienta sin detalle alguno sobre la ubicación de los hechos. Su comentario adjunto decía así, en alusión a Podemos, formación de izquierdas:

> Me manda esto un amigo de Venezuela: el pueblo se enfrenta a la policía chavista pidiendo comida #NoPodemos tolerarlo.

La reacción de las redes fue en dos sentidos: sus partidarios compartieron el contenido hasta alcanzar una difusión de decenas de miles de usuarios. En cambio, sus detractores contrastaron la información y denunciaron que el vídeo no era en Venezuela, sino en unos disturbios en el Congo, África.

Cuando se descubre a un político usando mal un testimonio, suele hacer lo que Casado hizo en este caso: ponerse del lado de las víctimas del bulo y disparar al mensajero. Así, unas horas más tarde, descubierta la manipulación, tuiteó esto:

> El vídeo anterior, desde @DLasAmericas, es incorrecto. Pero estos de EFE/AFP, no: http://elcomercio.pe/movil/mundo/latinoamerica/protestas-comida-se-trasladan-barrios-caracas-noticia-1907826… #RevocatorioYA

El «amigo venezolano» resulta que es ahora el *Diario Las Américas*, que informa en castellano desde Florida; la confusión, sugiere él, no era pretendida. Lo interesante del caso es que este desmentido no tuvo apenas difusión, en comparación con el tuit original. Analizando los grupos de conversación alrededor del mensaje durante todo el día, se comprobaba que el desmentido —y las acusaciones de manipulador— circulaba entre activistas de izquierdas partidarios de Podemos; en el otro lado de la contienda, los activistas pro Partido Popular redifundían su #NoPodemos sin mención alguna a lo inconsistente del testimonio.

Alrededor de las distintas visiones de la realidad se van conformando grupos afines, de manera que los activistas son, ante todo, forofos de su causa ante los suyos, y, así, las redes funcionan como medios de confirmación y no como medios de información. En toda burbuja ideológica predomina la difusión de testimonios que confirman, y no de testimonios que desmienten o matizan.

El quinto mecanismo en la clasificación de Miller se denomina *plain folks*, o «gente sencilla», que consiste en que el líder político se muestre como un ciudadano de a pie, cuando no lo es. Las redes, en este caso, han sido terreno especialmente fértil, porque los líderes han podido por primera vez interactuar con los votantes sin tener como intermediarios a los medios de comunicación.

Las cuentas de Twitter y las páginas de Facebook de los candidatos son plataformas de contacto directo. El presidente norteamericano Donald Trump consiguió a través de su Twitter llegar a audiencias masivas presentándose como el candidato antisistema y encarnación del ciudadano que no habla como los políticos y que quiere llevar la voz del pueblo a lo más alto…, cuando en realidad su procedencia social se aleja claramente del norteamericano medio.

Al mismo tiempo, resulta muy atractivo proyectar en un candidato particular real aquello que uno desearía en un candidato ideal. Es decir, a lo mejor la audiencia visualiza al candidato como a uno más del pueblo sin que este tenga que hacer nada especial. Este mecanismo se da sobre todo en aquellos personajes que son poco conocidos entre el gran público: la audiencia partidaria se desinforma fácilmente dando por buenas anécdotas que hagan del líder la persona deseada. El manual, no obstante, puede aplicarse mal. Si no, que le pregunten al que ha sido candidato a la alcaldía de Barcelona, Manuel Valls. Como es sabido, aunque nació en la Ciudad Condal, ha sido en Francia donde ha pasado la mayor parte de su vida y donde su carrera política le llevó a ser primer ministro. Para granjearse el favor de los barceloneses, durante unos días publicó algunos tuits en los que se mostraba haciendo aquello que, supuestamente, hacen los barceloneses…, pero los de antaño; costumbres que solo perviven en las guías para turistas.

En el lenguaje filosófico, al mecanismo de la gente sencilla se le denomina «falacia lógica»: se toman unas premisas que pueden ser ciertas de las que se deduce una conclusión que no lo es. Es decir:

1. Si A, entonces B.
2. B.
3. Por tanto, A.

En el ejemplo del tuit del político francés diríamos que si soy un ciudadano barcelonés típico (A), entonces tomo chocolate con churros en un establecimiento de la calle Petritxol (B). Como hago B —voy a una churrería de esta zona—, soy A, un ciudadano barcelonés típico. En este caso, una de las premisas era falsa, motivo por el cual no puede afirmarse la conclusión sobre esta premisa.

El mecanismo de la falacia se da también cuando ambas premisas son ciertas. Los políticos de izquierdas apoyan medidas en favor del medioambiente. Así, como apoyo medidas en favor del medioambiente, soy de izquierdas. La falacia es clara, y si no que se lo pregunten a los ecologistas de derechas, que también los hay. Si me abrigo mucho, acabaré sudando; he acabado sudando, luego me he abrigado mucho. Pero a lo mejor es porque la calefacción está muy alta. El error está en el establecimiento de una relación de consecuencia.

Este mecanismo argumental se repite mucho en la comunicación política: ¿a cuántos candidatos les da por ir al McDonald's a cenar, a pasear con el perro, a correr por el parque o a ir a comprar al mercado durante el período de campaña electoral? En las redes gana verosimilitud, porque se puede difundir también de modo informal, como lo difunde la gente sencilla en sus cuentas personales. Las relaciones causa-efecto tramposas bien presentadas son difíciles de detectar, incluso para personas con un coeficiente intelectual alto, y todavía más en un entorno de consumo rápido de información, como son los *timeline* de las plataformas de las redes sociales.

El penúltimo mecanismo se denomina, en inglés, *card stacking*, «pila de cartas»; se refiere a jugar todas las cartas en contra de la verdad, enfatizando unos aspectos y omitiendo otros en beneficio propio. También se le denomina *cherry picking*, que vendría a ser «recolectar cerezas», y consiste en seleccionar una parte de la realidad o determinados datos que parecen confirmar una posición particular mientras se ocultan otros datos de igual validez que podrían poner en cuestión o directamente contradecir la conclusión a la que se quiere llegar.

Este mecanismo puede buscarse voluntariamente o puede darse sin que haya propagandista de por medio. Desde la perspectiva del consumidor de información, a este fenómeno de desinformación se lo conoce como «sesgo de confirmación»: el hábito de buscar información que confirme las propias creencias, menospreciando o ignorando todo lo que plantee o sugiera alternativas.

Por último, en propaganda política funciona el mecanismo del *band wagon*, que traducido literalmente significa «carroza de músicos» y que coloquialmente se podría llamar «subirse al carro». Apela al deseo de seguir a la multitud. Un cómico muy popular en los Estados Unidos del siglo XIX, Dan Rice, hizo campaña por Zachary Taylor como presidente del país y lo animó a subirse a su carroza de circo. Fue tal el acierto que los otros candidatos quisieron también subirse al carro.

En términos de fenómeno social, se trata del efecto de que unas ideas, creencias o hechos sean aceptados en mayor medida cuanto mayor número de personas los acepten. Se trata de un crecimiento exponencial, hasta el punto de generar una presión sobre aquellos que todavía no lo han aceptado. El mecanismo funciona como conformador de grupos sociales y tiende a la hegemonía: la creencia de que las cosas que son de determinado modo no se sustentan en el hecho de que sean ciertas, sino en el hecho de que esa creencia ha pasado a ser la mayoritaria —y, por tanto, definitoria— de todo el grupo social al que se pertenece. Todo el mundo lo hace, luego yo también lo hago si quiero seguir en ese grupo.

A estas maneras típicas de realizar propaganda internet ha añadido dos características: las herramientas para hacerlo se han popularizado porque son en muchos casos gratuitas y de fácil uso, en primer lugar, y están disponibles para cualquiera, en segundo lugar. El avance técnico permite, además, ir más allá de lo que se conocía sobre la generación de discursos verosímiles con la posibilidad de trucar, falsear o dulcificar la realidad a placer. Quizás solo unos pocos sean lo suficientemente desaprensivos como para engañar a sabiendas. Pero no es necesario más: el activismo visceral hace el resto, y difunde la desinformación de una manera rápida y masiva sin precedentes.

¿Cómo sé si padezco de desinformación por activismo visceral?

Existen dos factores principales que influyen en el incremento del riesgo: la tendencia a redifundir irreflexivamente y el grado de compromiso con las ideas o causas que hace de alguien un activista.

Este esquema sencillo te ayudará a hacer una autoevaluación:

¿Dónde crees que estás tú situado?

Hábito 7

La precariedad informativa

«Solo sé que no sé nada», dijo Sócrates. ¿O no lo dijo?

Cuenta Platón de su maestro Sócrates que era un metomentodo y que eso le trajo tantos problemas que le costó la condena de los tribunales.

Según se dice, en efecto, Sócrates dijo que solo sabía que no sabía nada y que esto le acabó acarreando la muerte.

En realidad, no lo dijo exactamente.

La cosa fue del siguiente modo: el maestro de Platón tenía un amigo llamado Querefonte que le preguntó al oráculo de Delfos si había alguien más sabio que Sócrates, a lo que respondió que no. Sócrates se quedó sorprendido por estas palabras, porque tenía conciencia de no ser sabio. Al mismo tiempo, reconocía que el oráculo no podía mentir, de manera que, si decía que él era sabio, algún motivo tendría.

Para salir de dudas, Sócrates fue a buscar a un tipo conocido públicamente por tener una gran sabiduría. Pensaba que si, efectivamente, era alguien más sabio —como a él le parecía—, podría volver a Delfos y demostrarle al oráculo que estaba en un error. Sócrates pretendía avalar a alguien por encima de él.

Según Platón, la reacción de Sócrates fue esta:

> Me pareció que otras muchas personas creían que ese hombre era sabio y, especialmente, lo creía él mismo, pero que no lo era. A continuación, intentaba yo demostrarle que él creía ser sabio, pero que no lo era. A consecuencia de ello, me gané la enemistad de él y de muchos de los presentes.

A partir de esta enemistad empezaron buena parte de los problemas para el filósofo. No resulta cómodo para nadie tener a alguien que le diga que no tiene ni idea. En la obra que recoge el juicio a Sócrates, Platón plasma con estas palabras la reflexión (la de Sócrates) con la que concluye la anécdota:

> Es probable que ni uno ni otro sepamos nada que tenga valor, pero este hombre cree saber algo y no lo sabe, en cambio yo, así como, en efecto, no sé, tampoco creo saber. Parece, pues, que al menos soy más sabio que él en esta misma pequeñez, en que lo que no sé tampoco creo saberlo.[1]

La famosa frase, con la que empieza este capítulo, se deriva de aquí y ciertamente condensa con acierto la enseñanza subyacente: la percepción de la propia ignorancia es una forma muy preciada de sabiduría.

Este séptimo y último hábito es el que tendría Sócrates si fuera un usuario de Twitter. Es decir, estar bien informado con respecto a la propia desinformación, al hecho de que irremediablemente estamos condenados a cierta precariedad informativa.

Por este motivo, el último hábito de las personas desinformadas es el hábito de las personas informadas de que están desinformadas.

Parece un trabalenguas, pero no lo es. Si tuviéramos que hacer caso a la introducción, en este último capítulo uno podría esperarse un hábito positivo, el de las personas informadas que consiguen esquivar toda desinformación. Querido lector, si has llegado hasta aquí, honestamente reconocerás que en la práctica es imposible no vivir desinformado con respecto a algún tema, en algún aspecto o en algunas situaciones.

Estar informado en sentido global es imposible. Hay una precariedad informativa que es inherente al conocimiento que somos capaces de aprehender con respecto a los temas de los que colectivamente debatimos y al mundo en el que vivimos. No podemos saberlo todo, ni tan siquiera saber lo suficiente en el tiempo disponible para tomar decisiones. ¿Cuántas veces hemos retrasado una decisión porque nos parecía que no teníamos todos los datos necesarios para tomarla? ¿Cuántas veces hemos dado nuestra opinión sobre una cuestión de la que, quizás, no sabemos ni dónde acudir para preguntar?

Ignoramos más de lo que sabemos, y con toda probabilidad nada nos sacará de este estado.

Internet ha ampliado, si cabe, la percepción de esta realidad en la medida en que nos puede conectar con mundos más alejados de nosotros. Los viajes también ponen de manifiesto esta enorme distancia entre lo que conocemos realmente y lo que nos falta por conocer. Y esto nos causa inseguridad. No nos gusta convivir con lo desconocido. Por ejemplo, una decisión frecuente en el hábito de viajar es ir a sitios que ya conocemos por postales, películas o guías, de manera que no vamos a conocer, sino a re-conocer, a comprobar nuestros conocimientos de un modo más directo, quizás, pero sin salir de un entorno de seguridad informativa. Se ha extendido una aversión a la aventura, también informativamente hablando.

Nuestro conocimiento es precario y no hay remedio para ello. Este hábito es, podríamos decir, congénito a nuestra manera de procesar la información del mundo que nos rodea.

Internet está cambiando la manera de informarse y gestionar nuestras propias decisiones. Se nos ha dado acceso a más fuentes de información de las que somos capaces de procesar. Hemos acudido a los algoritmos —esos procedimientos automatizados que animan nuestra experiencia digital— para que nos echen una mano con la actividad de informarse y decidir. Y así, casi sin darnos cuenta, la tecnología ha ido ganando un peso que va más allá de la mera mecanicidad de unos servicios digitales como los buscadores o las redes sociales. La tecnología no es aséptica: no solo nos ha facilitado la toma de decisiones, sino que también ha cambiado la manera en que las tomamos y la impresión que tenemos de nuestro estar informados.

En efecto, una de las novedades de internet es que nos puede proporcionar un antídoto contra la conciencia de la propia ignorancia. Una novedad que es, al mismo tiempo, un inconveniente.

De manera que este hábito, a diferencia de los seis anteriores, es el que uno no tiene más remedio que admitir y aprender a reducir, pero sin perderlo nunca del todo.

Y esta misma admisión de la precariedad implica una condición indispensable si uno quiere estar realmente lo más informado posible. En otras palabras, para saber algo hay que partir de la convicción de que no tenemos ni idea de una enormidad de cuestiones. En términos del estudio de los comportamientos humanos, a esta actitud se la conoce como «modestia», que es lo contrario de la vanidad o el engreimiento. A la precariedad informativa aceptada conscientemente se la podría llamar, pues, «modestia intelectual».

Esta es la digestión saludable de la precariedad informativa. Negarla llevará más temprano que tarde a la desinformación. Pero no negarla no significa asumirla como un rasgo bueno; sino, más bien, admitirla como un rasgo limitante pero inevitable hasta cierto punto. La precariedad informativa es, en cierta medida, un problema irresoluble, y un problema que no se puede resolver no es un problema, es una circunstancia.

Precisamente la falta de modestia intelectual es lo que, según un cronista de *El País*,[2] el filósofo Karl Popper les reprochó a los intelectuales en su intervención en el verano de 1991 en la Universidad Internacional Menéndez Pelayo, en Santander: «Deben darse cuenta de lo poco que saben; creo que viven en un prisma social alejado de la realidad del hombre y de las cosas».

A propósito de los intelectuales, *La Vanguardia* describía el debate que mantuvieron en Santander este célebre filósofo y el escritor peruano Mario Vargas Llosa, también durante esos días de 1991.

Cuenta así el periodista de este rotativo, Fernando García:

[…] el filósofo austríaco afirmó que los autores deberían esmerarse por reflejar en sus libros lo más positivo de la vida, en lugar de cebarse en sus aspectos más terribles, por resaltar las glorias de la democracia en vez de sabotearla con sus críticas a veces injustas.

El novelista peruano rechazó la opinión de Popper, y, utilizando la metáfora para ilustrar su idea de que la función de los intelectuales es iluminar el lado más sombrío del ser humano, dijo que «si sólo hablamos de los ángeles y no de los demonios, nos estaremos alejando de la realidad» y al final estos últimos camparán por sus respetos. El anciano pensador zanjó la cuestión con la ironía de que da muestras estos días en Santander «Todo depende del dolor de estómago que en cada momento tenga cada escritor» y, sin perder la sonrisa, añadió que si estos dolores abundaran en demasía «el arte nos llevaría a la ruina».[3]

El ataque de Popper a los intelectuales lo coronó una guinda ese mismo día, cuando asistió a una conferencia sobre su propio pensamiento que pronunciaba otro ponente. Su comentario al salir fue: «Ha sido una ponencia muy larga. No he entendido nada. Si de verdad yo he escrito las cosas que se me han atribuido, tengo que reconocer que son tonterías».

Sea como fuere, el hecho es que Popper era admirador de Sócrates por su modestia intelectual, a la que me referí antes como punto de partida necesario para convivir con la precariedad informativa.

Ligado a esta línea de pensamiento defensora del «solo sé que no sé nada» como base para un conocimiento sólido está Nassim Taleb, que, a diferencia de Sócrates y de Popper, sí tiene Twitter (@nntaleb). El provocador autor de *El cisne negro* y *Antifrágil* defiende el valor del conocimiento sustractivo, formulado de este modo: «La mayor (y más robusta) contribución al saber consiste en eliminar del mismo aquello que creemos que está equivocado».[4] Esta aproximación supone un giro radical con respecto al pensamiento positivo de los libros que pretenden enseñarnos las claves de las mil y una cosas que necesitamos o deseamos saber para poder tomar acertadamente algunas decisiones: por ejemplo, los 10 pasos clave para invertir bien en bolsa, la dieta infalible para adelgazar, los consejos que te harán rico, o feliz, o listo, o triunfar en la educación, etc.

Este libro, de hecho, lleva un título que, precisamente, podría dar la impresión de ofrecer un conocimiento clave para estar bien informados y desactivar la desinformación, pero, en cambio, se ha centrado prácticamente en su totalidad en señalar las maneras en que nos desinformamos.

¿Y esto para qué sirve? A la pregunta sobre la utilidad, la vía positiva podrá responder a la negativa de forma muy directa: con los consejos positivos, el lector podrá tomar las decisiones acertadas con más seguridad. A lo que el pensamiento negativo dirá que quizás, es cierto, no proporcione la misma seguridad que el pensamiento positivo, pero, en cambio, es más robusto y perdurable como conocimiento válido.

En un estado normal de las cosas, si se ha demostrado que una cosa es errónea una vez, es mucho más probable que lo sea en el futuro; más que lo que sí ha funcionado. Taleb lo formula así:

> Si veo un cisne negro (sin mayúsculas), puedo estar seguro de que el enunciado «todos los cisnes son blancos» está equivocado. Pero incluso en el caso de que nunca haya divisado un cisne negro en mi vida, jamás podré suponer que ese enunciado es verdadero.[5]

La vía negativa es menos atractiva, pero también menos vulnerable al error. Y estas dos condiciones la hacen especialmente oportuna para combatir la desinformación.

¿Cómo gestionar la precariedad informativa? El objetivo general es, a partir del conocimiento sustractivo, ir limando las desinformaciones que se vayan detectando.

Dicho de otro modo, se gestiona desarrollando una capacidad crítica con la que verificar y contrastar: verificar toda la información que vamos incorporando a nuestro saber cada vez que leemos nuevas noticias en nuestro *timeline* de Twitter, vemos nuevos vídeos en YouTube u ojeamos un periódico, por poner solo tres ejemplos de consumo informativo; y contrastar las conclusiones a las que llegamos para que sean consistentes.

La capacidad crítica no se refiere a la capacidad de despotricar. El ejercicio de criticar admite una acepción distinta a la negativa de hablar mal de alguien o algo. Me refiero a la acepción no despectiva, aquella que entiende criticar como «analizar pormenorizadamente algo y valorarlo según los criterios propios de la materia de que se trate», como afirma el diccionario de la RAE.

Esta crítica, siguiendo la perspectiva negativa, se centrará en primer lugar en la ausencia o presencia de errores en la información. Es decir, podríamos centrarnos en comprobar si lo que me llega es cierto, pero en lugar de ello vamos a centrarnos en comprobar si es falso. Si comprobamos que es falso, entonces es desinformación en el cien por cien de los casos. Si no detectamos falsedad, podemos concluir que cabe la posibilidad de que sea cierto.

Aquello que se puede asegurar con firmeza es más bien poco, y normalmente deberá ir ligado a un conocimiento de mucha calidad, como puede ser la información de primera mano (del protagonista o de un testigo directo). No obstante, incluso en ese caso se podrá estar muy seguro en unos aspectos pero tener una vasta incertidumbre en otros (por ejemplo, en las intenciones que han movido a las personas a actuar de un determinado modo o en la interpretación de unas declaraciones que admitieran varias lecturas).

La capacidad crítica permite limar paulatinamente la precariedad informativa hasta reducirla a niveles que nos permitan tomar decisiones sobre una base de información suficiente. Parece un objetivo modesto, pero en realidad es el único verdaderamente factible y, quizás, imprescindible.

Por este motivo, admitir el estado crónico de desinformación no es una afirmación pesimista. Es la delimitación de las posibilidades sobre las que trabajamos, que requerirá una actitud modesta por nuestra parte como ciudadanos y nos llevará a exigir que las fuentes de información muestren una prudencia proporcional cada vez que afirmen que algo ha ocurrido de un determinado modo.

La definición de «crítica» establece que es necesario valorar las cosas según la materia de que se trate. Este es el primer paso.

Imagínate una sala en la que hay un montón de libros en un extremo, en pilas que reposan en el suelo. En el otro extremo, dos estanterías, en lo alto de las cuales se puede leer «Ficción» (estantería de la derecha) y «No ficción» (estantería de la izquierda). Te piden que los valores y ordenes. Muy probablemente, irás a las pilas e intentarás dilucidar a qué género corresponde cada ejemplar. Si quieres ser un poco más preciso, dentro de cada grupo establecerás subgrupos, según sea la ficción una novela policiaca, una novela histórica o una obra romántica; o, en el apartado de no ficción, según sea de política nacional, historia, biografía o ensayo filosófico.

En cuanto a la valoración, de la novela seguramente te esperarás la capacidad de hacer sentir determinadas sensaciones durante su lectura o de inspirar, o la riqueza del lenguaje y de los personajes. En el ensayo, en cambio, el acento suele ponerse en lo consistente de la argumentación, lo novedoso de las propuestas o la influencia en el curso de determinados acontecimientos.

Algo así hay que hacer cuando se lee información en las redes sociales. La diferencia es que hay menos pistas que en las estanterías y en las solapas de los libros. En el mundo digital hay que aprender a distinguir qué cosas son ficción y qué cosas son pretendidamente ciertas. Y valorar cada una según la materia de que se trate.

El binomio ficción-no ficción es una primera posible manera de ordenar los datos, pero hay más, que se pueden formular como preguntas cada vez que tengamos que analizar críticamente una nueva información:

- ¿Es esto una broma o va en serio?
- ¿Me está dando una información o es una interpretación?
- ¿Pretende entretenerme o informarme?
- ¿Es publicidad o es un trabajo periodístico?

- ¿Quiere expresar una opinión o transmitir una descripción de los hechos?
- ¿Es una información actual, pasada o un pronóstico del futuro?

Es interesante comprobar que buena parte de la desinformación se puede impedir haciéndose de modo oportuno estas preguntas.

Los medios, por ejemplo, hacen pronósticos con profusión. Las encuestas electorales son pronósticos bien conocidos y muy utilizados, y se siguen publicando a pesar de que reiteradamente se muestran muy distantes con respecto a lo que finalmente sucede cuando los ciudadanos acuden a las urnas. Esto es porque, como sociedad, tiende a gustarnos más saber lo que ocurrirá que lo que ha ocurrido. La gratificación que esperamos del periodismo es que nos reduzca el grado de incertidumbre sobre aquello que no sabemos, por encima de la gratificación de proporcionarnos información fiable aun a costa de hacernos más inseguros.

Si lo que está contando un medio hace referencia al futuro, la manera de evaluar críticamente si es o no desinformación es distinta que si hace referencia al pasado. Y, hasta el momento, nadie ha viajado al futuro y ha vuelto para contárnoslo.

Dicho de otro modo, las predicciones no hay que tomarlas como hechos irrefutables, sino como hipótesis más o menos sólidas en función de los fundamentos sobre los que se construyan. A este respecto, hay una manera de predecir que consiste en asignar probabilidades. El Barça ha ganado el cien por cien de las veces al equipo tal y, por lo tanto, en el próximo partido es probable que esto vuelva a ocurrir.

Pero hay otras predicciones que son algo más complejas. Pongamos que un Gobierno debe ofrecer previsiones económicas en un año electoral: ¿qué costes tiene para él mismo que las previsiones sean negativas? Puede repercutir negativamente en la valoración que los ciudadanos hagan de su gestión, lo cual los puede llevar a decidir votar a una formación que, a su entender, podría manejar mejor la economía.

En la valoración de las afirmaciones sobre el futuro, es útil preguntarse como lo hacían los clásicos: «*Cui prodest?*», ¿a quién le beneficia que las cosas sean como se afirma que serán? Si entre los beneficiarios figura el mismo que formula el pronóstico, convendrá pedir más fundamentos que si el que lo afirma es parte no implicada.

Este tipo de ejercicios de triaje vendrían a ser como ejercer la capacidad crítica, una habilidad previa sin la cual es imposible desarrollar una verificación de la información con garantías.

Dado este primer paso, podemos empezar a movernos en la dirección que nos interese. El objetivo será reducir al máximo el nivel de desinformación en aquel ámbito en el que debamos tomar alguna decisión; es decir, ser capaces de gestionar nuestro consumo de información de forma satisfactoria en un entorno de precariedad ya aceptado.

¿Cómo pasar a la acción? El consumo saludable de información tiene mucho de oficio, de ensayo y error, puesto que las circunstancias particulares en las que cada persona experimenta este consumo son distintas, y las redes tienden a favorecer un consumo individual: cada persona ante su pantalla.

Se podrían distinguir, de todos modos, seis sencillas decisiones que en todos los casos resultan útiles:

1. Dibujar un mapa.
2. Establecer una ruta.
3. Elegir compañía.
4. Prever imprevistos.
5. Tener memoria.
6. Compartir una posición.

Dibujar un mapa

El conocimiento sobre las realidades que nos rodean y los acontecimientos que suceden o han sucedido podría representarse en un mapa conceptual en el que hay —como en los mapas geográficos— zonas de montaña, estepas, mar abierto y cuencas fluviales.

De acuerdo con nuestros propios intereses, podemos establecer cuál sería nuestra comarca, una zona bien conocida en la cual nos sentimos seguros. Se trata de lo que otros han denominado «zona de confort». Informativamente hablando, todas las personas tienen esta área de seguridad, en la que pueden hablar con la confianza de saber a ciencia cierta que se tiene un dominio suficiente como para que no le tomen el pelo. Este dominio puede proceder de la experiencia, de los estudios o de la procedencia familiar o social. Así, por ejemplo, una persona que ha vivido siempre en la misma calle puede hablar con seguridad de las tiendas que se encuentran en dicha vía de la ciudad. Pero también, por ejemplo, un doctor en medicina tendrá como área de seguridad el diagnóstico de las enfermedades de su especialidad.

En este mapa mental, hay otras zonas que en su día conocíamos muy bien pero que hace tiempo que no visitamos. Serían, por ejemplo, aficiones que desarrollamos, habilidades deportivas o tecnológicas, materias que estudiamos, etc. Son zonas del bosque que hemos corrido y paseado. Cabe el riesgo de incluirlas en la zona de confort, que es el clásico error que facilita que caigamos en el cuñadismo. En realidad, es importante dejarlas fuera del área de seguridad: el tiempo pasa para todos, y para todo, y aquella área del saber que conocimos hace veinte años quizás ha cambiado mucho y de un modo que desconocemos. La informática de los Commodore o los Amstrad no sirve para opinar sobre la conectividad de los MacBook Air de última generación. El curso de primero de Derecho de la licenciatura que uno dejó a medias en los noventa no es garantía de ser capaz de discernir con criterio sobre cierto problema legal. Estos sitios en los que estuvimos, metafóricamente hablando, conforman una parte del mapa, que podríamos llamar «territorio marcado»: un lugar en el que, aunque no estamos seguros del todo, podemos al menos adentrarnos con prudencia, porque de la experiencia pasada conservamos cierto sentido de la orientación.

Si ampliamos el foco, en el mapa nos aparecen los territorios desconocidos que nos gustaría visitar, porque alguien nos ha contado lo interesantes que son, o porque pensamos que nos conviene por motivos profesionales, personales o los que sean. Son los espacios que queremos acabar dominando tanto como el área de seguridad, de manera que los llamaremos «territorios de expansión». Es la zona de crecimiento, que se conquista a base de la propia experiencia, la ajena y el estudio. Siguiendo el símil geográfico, del mismo modo que conozco Vietnam a través de los libros de historia y de los viajes, puedo incorporar la física estudiando un grado en la materia, atendiendo a conferencias de expertos, observando los fenómenos naturales y realizando experimentos.

El cuarto espacio lo conforman aquellas áreas que desconozco y que, además, no tengo ningún interés en conocer. En los mapas de conquistadores, los límites de esta zona eran más borrosos, a la espera de que alguien se aventurara a delimitarla. Lo llamaremos «lo desconocido».

Hay un quinto y último espacio, que es el área que compartimos socialmente y que, me guste o no, tengo la obligación moral de conocer: el ordenamiento jurídico de mi país, las costumbres sociales, los convencionalismos que rigen u orientan las relaciones, las tradiciones culturales, etc. Aquí se incluyen también los derechos que se me reconocen y los deberes que se me exigen. Entrarían dentro de los conocimientos que se presuponen en un ciudadano y se podrían denominar «plaza pública».

Este mapa se puede dibujar completando la tabla de autoevaluación de las áreas de conocimiento personal: definir qué materias o ámbitos de información sitúo en cada territorio y cómo evalúo yo mi dominio de la materia. En cada territorio se pueden poner una o varias materias. La tabla también recoge el grado de vulnerabilidad a la desinformación que se suele tener en cada zona.

El ejercicio se puede realizar personalmente o pedir a personas cercanas que nos hagan también una evaluación, que permita evaluar tanto mi percepción como la que puedan tener quienes conversan conmigo habitualmente:

	QUÉ MATERIAS INCLUYO	CUÁL ES MI DOMINIO DE CADA MATERIA	RIESGO PRESUMIBLE DE DESINFORMACIÓN
ÁREA DE SEGURIDAD	*Enumerar en cada área las que correspondan. Por ejemplo: economía, literatura clásica, pimpón, política, física cuántica, geología, religión, dietética, etc.*	*Ignorancia total, nociones básicas, o competencia suficiente, notable o excelente.*	Bajo
TERRITORIO MARCADO			Alto (por presunción)
TERRITORIOS DE EXPANSIÓN			Moderado
LO DESCONOCIDO			Alto (por desinterés)
PLAZA PÚBLICA			Moderado

Repartir las áreas por grado de conocimiento servirá para poder decir con propiedad de qué temas sabemos que no sabemos y de qué temas, con toda seguridad, no alcanzamos a imaginar lo enorme de las dimensiones de nuestra ignorancia.

Establecer una ruta

Marcado el territorio, el consumo de información futuro se puede alinear en una ruta de adquisición, acumulación y aprovechamiento. ¿Cuáles son las materias sobre las que debería informarme más para tomar mejores decisiones? Es el momento de volver a la tabla de materias y dividirlas en dos grupos: prioritarias y no prioritarias.

Establecer esta ruta permite vacunarse contra la ansiedad informativa, puesto que decidimos reflexivamente sobre qué temas no nos importa perdernos algo y sobre qué otros, en cambio, vamos a procurar ponernos al día.

Empecemos por las no prioritarias. Pongamos que decidimos situar en ese grupo la biología, la política del Perú, la robótica educativa y el arte contemporáneo. El hecho de darles este papel secundario implica que mentalmente convendrá recordar que nuestro criterio con respecto a estos temas no nos habilita para opinar con seguridad. El cuñado que llevamos dentro tendrá que abstenerse de opinar sobre estas materias. Estamos ante lo desconocido, que muy probablemente siga siéndolo hasta el final de nuestros días. Si alguna vez recibimos información sobre estas cuestiones, ayudará tener algunas fuentes de referencia.

Las prioritarias, por contra, pueden merecer una ruta de crecimiento. Es recomendable partir de unas ideas generales para ir poniendo posteriormente el foco más cerca del objeto. La visión general puede encontrarse en enciclopedias, manuales o libros que abarquen grandes cuestiones. La enciclopedia colaborativa Wikipedia no es un mal punto de partida en lo que respecta a esta necesidad primera. El ámbito universitario, por su parte, suele producir buen material que permite empezar a comprender una parcela del saber. De hecho, es en las aulas de los centros educativos —tanto universidades como el resto de centros de otros niveles del sistema— donde mejor se puede satisfacer esta necesidad.

Si se quiere ir concretando, el siguiente paso es la lectura de especialistas en la cuestión. Libros, sí. La lectura permite una digestión reflexionada de contenido, mucho más que la imagen. El mundo de la edición de libros de no ficción está lleno de colecciones sobre infinidad de temáticas.

Y, quizás, lo que acabe ocupando más tiempo será la actualidad sobre cada materia, o narrada por los medios de comunicación o por gente cercana, o vivida en primera persona.

¿Cómo digerir las píldoras de información diarias, a veces de la extensión de un tuit, aprendiendo a diferenciar el ingrediente cierto de la falsedad?

Con la verificación, que de esto se trata, ocurre algo similar a lo que sucede con la micología, o sea, la parte de la botánica que estudia las setas. Los entendidos en esta materia tienen aprendidas una serie de características que distinguen cada tipo de seta y, cuando se adentran en un bosque, saben a) qué pueden encontrar que sea comestible y b) qué setas no comestibles crecen en esos mismos parajes.

El periodismo deportivo y el periodismo económico, por poner dos «bosques informativos» con vegetación y especies completamente distintas, tienen unos estándares distintos. Uno sabe que durante las vacaciones de verano los deportivos publicarán abundante información sobre fichajes que, en numerosos casos, no pasarán de especulaciones. Por contra, el periodismo económico —especialmente en lo relativo a las cuestiones financieras— es muy prudente antes de publicar algo que podría afectar al precio de cotización de una acción.

La cuestión es aprender a distinguir a partir de la observación atenta y del oficio ganado a base de ir repitiendo la observación. Es decir, verificar noticias —comprobar si las puedo aceptar como ciertas o no— se aprende con método y oficio, conociendo sus partes y viendo ejemplos y más ejemplos.

Muchos están volcándose en facilitar a los lectores de prensa digital y redes sociales herramientas para verificar adecuadamente.

Entre otras, una iniciativa es la norteamericana News-Guard, que se presenta así:

NewsGuard utiliza el periodismo para combatir las noticias falsas y la desinformación. Nuestros analistas entrenados, que son periodistas experimentados, investigan marcas de noticias online para ayudar a los lectores y espectadores a saber cuáles están intentando hacer periodismo legítimo y cuáles no.[6]

Su sistema consiste en una aplicación que introduce un código de señales (verde o rojo) en nuestra navegación online, en cada una de las noticias que consumimos. Aunque no estudia noticia a noticia, sino los medios en su conjunto, los criterios que utiliza son una muy buena orientación cuando estamos leyendo noticias online. Los criterios son nueve, y aquellos medios que no lleguen a los 60 puntos tendrán una etiqueta roja:

Credibilidad

1. **No publica repetidamente contenido falso** (22 puntos): el sitio no produce repetidamente historias que hayan sido encontradas —por periodistas de News-Guard o en cualquier otro lugar— y sean clara y significativamente falsas, y que no hayan sido corregidas de manera rápida y prominente.

2. **Reúne y presenta información de manera responsable** (18 puntos): el contenido del sitio lo crean reporteros, escritores, cámaras, investigadores u otros proveedores de información que generalmente buscan ser precisos y justos en la recopilación, el informe y la interpretación de la información, incluso si se acercan a su tra-

bajo desde un punto de vista muy intenso. Lo realizan haciendo referencia a múltiples fuentes, preferiblemente aquellas que presenten información directa y de primera mano sobre un tema o evento.

3. **Corrige o aclara errores regularmente** (12,5 puntos): el sitio web deja claro cómo contactar a los responsables y cuenta con prácticas efectivas para publicar aclaraciones y correcciones.

4. **Maneja la diferencia entre noticias y opiniones de manera responsable** (12,5 puntos): los proveedores de contenido que transmiten la impresión de que reportan noticias o una combinación de noticias y opiniones distinguen la opinión de las noticias, y cuando transmiten noticias no presentan declaraciones extraoficiales, ni distorsionan ni seleccionan algunos hechos o historias para favorecer ciertas opiniones. Los proveedores de contenido cuyo propósito claramente expresado sea promover un punto de vista particular no distorsionan mucho ni de manera habitual los hechos para defender su posición.

5. **Evita los titulares engañosos** (10 puntos): el sitio web generalmente no publica titulares que incluyan información significativamente falsa o exageren notablemente lo que en realidad cuenta la historia.

Transparencia

6. **El sitio web revela su propiedad y su financiación** (7,5 puntos): el sitio revela de manera clara su propiedad y/o financiación, así como cualquier posición ideológica o política notable de aquellos con un interés financiero significativo en el web (incluso en el caso de que haya organizaciones sin ánimo de lucro entre sus principales donantes).

7. **Etiqueta claramente la publicidad** (7,5 puntos): el sitio aclara qué contenido se paga y cuál no.

8. **Revela quién está a cargo, sin obviar los posibles conflictos de interés** (5 puntos): la información sobre los responsables del contenido está disponible en el sitio, sin obviar los posibles conflictos de interés.

9. **El sitio proporciona los nombres de los creadores de contenido, junto con información de contacto o biográfica** (5 puntos): la información sobre los creadores de contenido está disponible en el sitio.[7]

Estos nueve criterios servirán principalmente para elegir compañía (véase el siguiente apartado), pero ya ofrecen unas pistas sobre las cualidades de una buena información.

Hay muchas clasificaciones de propiedades de las buenas

y malas informaciones, y también metodologías para distinguirlas. Entre otras, puede servir centrarse en dos factores: la precisión de la información y el interés que puede tener para mi ruta establecida.

La precisión remite a la exactitud de las pruebas aportadas para afirmar lo que se afirma. Cada noticia vendría a ser como un usuario de un banco. Nosotros, en este caso, somos el banco. La noticia nos pide un crédito y nosotros se lo daremos avales mediante. Los avales que debemos pedir a la noticia son las pruebas —datos, fotografías, estadísticas, declaraciones, etc.— que fundamenten lo que se afirma. Cuando leamos la noticia, se debe poder contestar mentalmente a lo siguiente:

- ¿Cuántas personas hablan en la noticia?
- ¿Hay frases entrecomilladas? ¿La atribución es correcta?
- Las personas que hablan ¿representan todos los puntos de vista posibles?
- ¿A quién echo en falta como protagonista?
- A la parte débil, o a la más alejada de la posición de quien redacta la noticia, ¿se le ha dado oportunidad de dar su versión?
- ¿Hay algún dato? En caso afirmativo, ¿es preciso o se cita correctamente su origen, de modo que pueda comprobarse?
- ¿Las fotografías corresponden con lo que se está contando en el texto? ¿Se refieren al hecho en sí o están sacadas de otro evento?

- Con respecto a quien escribe ¿se sabe el nombre del autor? ¿Hay algún dato de contacto por si hay dudas?

Son solo algunas preguntas a modo de ejemplo. De lo que se trata es de reflexionar críticamente sobre la calidad de cada pieza y completitud. Muchos *clickbaits*, además de no aportar nada nuevo a lo que ya circula en otros medios, con frecuencia son breves, incompletos, imparciales y, en algún sentido, exagerados.

Una plataforma que ha trabajado mucho la verificación y que también dispone de una extensión para los navegadores, como NewsGuard, es Maldita.es (www.maldita.es), de los creadores de Maldito Bulo y Maldita Hemeroteca. Esta iniciativa se centra en contrastar falsedades y difundir las refutaciones por todos los medios posibles entre la audiencia.

Ofrece un manual para luchar contra los bulos con un método de seis pasos:

1. ¿Quién lo publica? Cuidado si no tiene fuente. Si la tiene ¿conoces la web?
2. No te quedes en el titular: manipular titulares es otra forma de desinformar, lee el texto completo.
3. Las citas falsas. No te fíes de las fotos de políticos con supuestas declaraciones.
4. ¿Quizás es humor? ¿Demasiado llamativo para ser real? Observa si es una página satírica.

5. Alertas en emergencias. Cuidado con las cadenas de WhatsApp. No compartas si no hay fuente oficial.
6. Contacta con Maldita.es

La metodología que siguen es esta:

En Maldita.es creemos que dieciséis ojos son mejor que dos, por eso sometemos nuestros desmentidos a un proceso de verificación múltiple que contiene los siguientes pasos:

1. Un miembro del equipo investiga la desinformación a desmentir y monta una primera versión del bulo. En dicho proceso se pondrá en contacto con las fuentes primarias, verificará el origen de las informaciones, contrastará con bases de datos de fuentes oficiales y/o llevará a cabo procesos tecnológicos de identificación de imagen, vídeo o audio si fuera necesario.
2. A través de un grupo de Telegram el resto del equipo le plantea dudas sobre la verificación: con qué fuentes ha contrastado, cómo ha llegado a una determinada conclusión, qué procesos técnicos ha seguido para desmentir determinado dato...
3. Después de verificar el trabajo del verificador, el equipo al completo de Maldito Bulo vota el desmentido.

Si no existe ningún voto en contra, el desmentido será publicado con una mayoría simple.

Si hay un voto en contra, el proceso de verificación tiene que volver a realizarse desde el inicio.

Todos los miembros del equipo de Maldito Bulo tienen derecho de veto. Si alguien veta un desmentido este no será publicado.

Política de fuentes

Todas las fuentes son identificadas y citadas. Si para desmentir una desinformación Maldito Bulo requiriese de una fuente que no quisiera ser identificada no podrá desmentir dicha desinformación.

Las fuentes anónimas son utilizadas por Maldito Bulo para adquirir un contexto necesario para alcanzar determinadas desinformaciones, pero en ningún caso son válidas para montar el desmentido final.

Además, todos los desmentidos llevados a cabo por terceras personas, proyectos o medios serán debidamente citados.

Política de rectificación

Todos metemos la pata de vez en cuando y en Maldito Bulo creemos que si eso pasa hay que rectificar. Nos comprometemos a ser transparentes a la hora de corregir nuestros propios errores y a hacerlo en maldita.es y en nuestras redes sociales.

Además, te escuchamos si crees que algo que hemos desmentido no es correcto. Puedes contactar con nosotros a través de nuestras redes sociales o enviando un correo a bulo@ maldita.es.[8]

Tomar en cuenta las valoraciones que puedan hacer News-Guard o Maldita es una manera muy práctica de aprender a valorar las informaciones y a validar los avales de forma correcta. Los primeros hablan, también, de *nutrition labels*, fichas en las que describen las propiedades de los medios que analizan, como si de la etiqueta de un alimento se tratara, o de la descripción sobre un tipo de seta.

Quien también se refería a un alimento, en este caso un caramelo, era un fabricante de rumores británicos durante la Segunda Guerra Mundial cuando hablaba de sus creaciones. David Garnett decía que un rumor inventado (el precursor de las *fake news*) era como un caramelo envenenado:

> El buen rumor es un caramelo envenenado: está recubierto de azúcar, y la dosis mortal no es evidente de inmediato. Se recordará que, al principio de la guerra, el *Ark Royal* fue bombardeado y un piloto de GAF [Fuerza Aérea Alemana] fue condecorado más tarde por hundir este barco que, sin embargo, solo había sido dañado. Mucho más tarde, el *Ark Royal* fue hundido. Esto colocó al Ministerio de Propaganda alemán en el dilema de tener que repetir su reclamo o ignorar un éxito. PWE puso a continuación un ejemplo perfecto del rumor como caramelo envenenado: un rumor que iba en el sentido de que tanto la primera como la segunda afirmaciones de haber hundido el *Ark Royal* eran ciertas, y la explicación era que Gran Bretaña había roto la convención naval anglo-alemana construyendo un duplicado del *Ark Royal* antes de la guerra.
>
> El dulce ofrecido al enemigo era que él había ganado dos victorias y que todas sus afirmaciones eran confiables a pesar de las apariencias. El veneno fue la reflexión de que, si hubie-

ra dos *Ark Royal*, podría haber dos de las otras embarcaciones clave de Gran Bretaña todavía a flote.[9]

Emprender una ruta hacia algún lugar implica, pues, empezar a andar camino en una dirección concreta y aprender a distinguir lo nutritivo de lo venenoso. Tiene que ser realista de acuerdo con las posibilidades de tiempo, acceso a la información y capacidad personal. Esto modera las expectativas. Si uno, por ejemplo, estima que puede aprender chino mandarín o dominar el tenis como Rafa Nadal, estará siendo poco realista, a no ser que sea prácticamente un adolescente y empiece a trabajar duro.

La ruta sirve para orientar el camino hacia la ampliación de nuestra área de seguridad, que es precisamente la zona en la que el riesgo de desinformación es menor.

Analizar la ruta en su conjunto, en algún momento, previene del riesgo de descompensarse informativamente hablando. La ruta viene a traducirse, en el día a día, en una dieta informativa, que como tal tiene que ser equilibrada para que los niveles de ignorancia y de conocimiento se muevan en cada área paulatinamente dentro de una zona lo más cercana posible a las áreas de seguridad.

Elegir compañía

En este camino de expansión de las áreas de menor riesgo desinformativo, elegir compañía es fundamental. En este caso la compañía son las fuentes de información en las que confiamos, por un lado, y las fuentes de información en las cuales es mejor no confiar, por otro. En el capítulo sobre el cuñadismo se señalaron ya las dos características que sirven para medir la credibilidad de las fuentes: que sepan de lo que hablan (o que estén en condiciones de saber de lo que están hablando), que es la cualidad de ser experto en la cuestión; y que quieran compartir la información que saben con independencia de si les favorece o no, que es la cualidad de ser fiable.

Pueden ser medios de comunicación, profesores de universidad, revistas, estudios científicos, profesionales del ramo del que se trate, ancianos experimentados, jóvenes talentos, etc. Dicho muy resumidamente, nos preguntaremos si una fuente es experta a partir de las credenciales que muestre (estudios, posición, etc.) y a partir de cómo hayamos valorado la información que nos ha llegado previamente de ella. Y, en segundo lugar, nos preguntaremos si es fiable según cuál sea nuestra experiencia en el tiempo (si cambia mucho de criterio es menos fiable que si mantiene siempre el mismo) y según cuál sea nuestra percepción del interés que pueda tener en que las cosas sean tal como las cuenta.

Las fuentes pueden clasificarse, igualmente, en materias, según la especificidad del tema sobre el que queramos informarnos. Así, puede también establecerse en una tabla una clasificación de las fuentes en las que puedo confiar más y en las que no conviene confiar.

	TEMA DEL QUE SABE	¿CÓMO ACREDITA QUE SABE? ¿HE COMPROBADO ANTES QUE SABE? (EXPERTO)	¿TIENE MOTIVOS PARA ENGAÑARME? ¿ME HA ENGAÑADO EN EL PASADO? (FIABILIDAD)
FUENTE 1	*Enumerar la materia en la que es experta cada fuente.*	*Pueden enumerarse los méritos, o bien puntuar usando una escala (por ejemplo, 0-10).*	*Es un factor que tiene un componente de confianza muy polarizado: o nos fiamos o no nos fiamos. Aquí se puede clasificar con un sí o con un no.*
FUENTE 2			
FUENTE 3			
FUENTE 4			
LO DESCONOCIDO			

Prever los imprevistos

Como no siempre tendremos fuentes para todo, hay que prever los imprevistos: ¿qué pasa si para tomar una decisión tengo que informarme de algo de lo que no tengo ni idea, por lo que tampoco sé de qué fuente fiarme? Para estos casos, conviene tener localizado un puñado de referencias, que podríamos denominar «prescriptores» o «avaladores». Son instancias —personas o instituciones— que, sin ser fuentes expertas en la materia, pueden ofrecernos garantías de un mínimo de calidad en la información de terceros. En la alimentación abundan este tipo de sellos, que garantizan, por ejemplo, el comercio justo, las propiedades dietéticas, la denominación de origen de un vino, la autenticidad de la procedencia de un jamón de Jabugo o la trazabilidad de la leche, por poner algunos ejemplos. En este sentido, NewsGuard y Maldita son ejemplos paradigmáticos.

En el mercado de la información podemos localizar algunos avaladores. Tradicionalmente eran los medios de comunicación más establecidos en cada lugar: se decía que tenían la capacidad de conferir estatus social. Hay que preguntarles a ellos si tienen referencias. En principio, esta función generalista —«No sé de qué va lo que preguntas, pero sé quién te lo puede responder con propiedad»— sería una de las maneras a través de las cuales los medios tradicionales podrían reivindicar su utilidad social, su vocación de servicio y, con ello, su modelo de negocio: cobrar como buenos verificadores, avaladores y prescriptores de fuentes de información.

Tener memoria

Las buenas y malas compañías y los referentes nos van ayudando a adentrarnos por las rutas informativas que trazamos. Con el tiempo, conviene tener memoria para recordar cuál era el objetivo que buscábamos al informarnos (lo que nos vacunará contra la indecisión crónica) y para recordar de quién nos fiamos un día y nos engañó. Si una vez me engañó, ¿qué ha hecho desde entonces que permita que renueve mi confianza en ella?

La memoria es fundamental para volver sobre nuestros pasos cuando nos hemos perdido. El crédito que dimos a alguien que nos orientó mal no puede volverse a ofrecer: es más, hay que quitárselo. Pero, además, podemos servirnos de la memoria colectiva de internet, a la que se accede con más o menos fortuna a través de Google.

En efecto, aunque el buscador adapte y oriente los resultados de búsqueda a nuestra ubicación geográfica, a lo que él entiende que son nuestros intereses y a nuestra navegación pasada, el hecho es que también los ordena por relevancia, y no siempre ni solo por fecha de publicación. Esto nos puede poner en contacto con la información básica disponible sobre personas, hechos actuales o históricos, instituciones, o historias. Así, por ejemplo, cuenta con un buscador de fotografías donde puede subirse aquella que nos suscite alguna duda, para ver si corresponde o no con la noticia que está ilustrando.

Google es una memoria algo selectiva, pero memoria al fin y al cabo. Y se usa como tal. Tanto es así que se ha desarrollado la legislación para que, si alguien publicó algo falso, calumnioso o privado de una persona, y esta lo sabe y puede justificar, Google retire tal contenido.

También es una memoria Wikipedia, antes mencionada, o los portales especializados en comentar informaciones y verificarlas, como Maldita —tiene un apartado con el ilustrativo nombre «Maldita Hemeroteca»— o el norteamericano Snopes (www.snopes.com).

Compartir posición

Por último, la posición en ruta se puede compartir con las personas que tenemos alrededor, especialmente aquellas con las que tenemos en común intereses informativos: gracias al intercambio de experiencias se pueden contrastar datos que cada uno ha recolectado por su parte y trabajar y discutir las hipótesis que se plantean. Internet, como se ha dicho, prima el consumo individual, y la pantalla animada dinámicamente por un algoritmo que quiere nuestra atención y reacción hace difícil la reflexión crítica. En este sentido, un ejercicio muy práctico es comentar los contenidos consumidos en YouTube, los visitados a través de Google o los compartidos en nuestras redes sociales. Es la manera de sacarlos de la pantalla y exponerlos a la crítica —en el sentido positivo del término— de un conjunto de personas. A esto lo llamo «compartir la posición».

Si no hay nadie físicamente con quien comentar, se puede acudir a los comentarios de los portales especializados, como TripAdvisor, Booking o el mismo Google, sabiendo que desconocemos los intereses y las experiencias de las personas que comentan.

Esta línea de trabajo permite que el área de seguridad se vaya ampliando, de manera que hay menos espacios en los que se puedan dar las condiciones para que la desinformación se desarrolle, y se ponen barreras para hacer difícil que arraiguen en nuestro consumo hábitos desinformadores. Estamos civilizando el espacio: cada vez más somos personas mejor informadas y, por tanto, en condiciones de decidir mejor.

¿Nos vacunará esta manera de funcionar contra la desinformación? De ninguna manera. La desinformación nos acompañará siempre. Lo que sí está a nuestro alcance es tenerla identificada y, sin perder la modestia intelectual, trabajar para que nos afecte cada día un poco menos.

Como Benjamin Franklin le reconocía a Joseph Priestley en las primeras líneas de su carta de septiembre de 1772, «en el asunto de tanta importancia para usted, en el que me pide mi consejo, no puedo, por falta de premisas suficientes, aconsejarle qué debe determinar, pero, si lo desea, le diré cómo».

La aspiración de quien esto escribe es haber proporcionado ese cómo.

Notas

INTRODUCCIÓN

1. Véase <https://founders.archives.gov/documents/Franklin/01-19-02-0200>.

HÁBITO 1

1. Véase <https://encyclopedia.kaspersky.es/knowledge/nigerian-letters/>.
2. Véase <http://www.nigeria-law.org/Criminal%20Code%20Act-Part%20VI%20%20to%20the%20end.htm>.
3. Nota de prensa de la operación: *Desarticulada la organización dedicada a la estafa de las «cartas nigerianas» más activa y con mejor infraestructura de España*, 15 de junio de 2018, <http://www.interior.gob.es/prensa/noticias/-/asset_publisher/GHU8Ap6ztgsg/content/id/8892445>.
4. *La Vanguardia*, 20 de octubre de 1883.
5. Political Warfare Executive, *The meaning, techniques and methods of political warfare* (documento secreto), Kew (Reino Unido), Britsh National Archives, 1944, p. 7.

6. Véase <https://www.fundeu.es/recomendacion/cunadismo-nuevo-significado/>.

7. Resumen disponible en <http://datascience.columbia.edu/new-study-highlights-power-crowd-transmit-news-twitter>.

8. Véase <http://thesciencepost.com/study-70-of-facebook-commenters-only-read-the-headline/>.

9. Przybylski, Andrew K.; Murayama, Kou; DeHaan, Cody R.; y Gladwell, Valerie, «Motivational, emotional, and behavioral correlates of fear of missing out», *Computers in Human Behavior*, julio de 2013, 29(4):1841-48. Resumen disponible en <https://doi.org/10.1016/j.chb.2013.02.014>.

10. Estudio disponible en <https://www.rsph.org.uk/uploads/assets/uploaded/62be270a-a55f-4719-ad668c2ec7a74c2a.pdf >.

Hábito 2

1. *La Vanguardia*, 2 de julio de 1904, p. 4.

2. Véase <https://www.comb.cat/cat/actualitat/noticies/noticies_fitxa.aspx?Id=1y5cpEW8zWwgR7RjTZ1lnQ%3d%3d>.

3. Véase <https://dracocomarch.com/cancer/>.

4. Hilo completo de Twitter disponible en <https://twitter.com/BoschBarrera/status/952442710757134336>.

5. Véase <https://goop.com/wellness/mindfulness/wearable-stickers-that-promote-healing-really>.

6. Brodesser-Akner, Taffy, «How Goop's haters made Gwyneth Paltrow's company worth $250 million» (fragmento), *New York Times Magazine*, 25 de julio de 2018. Disponible en <https://www.nytimes.com/2018/07/25/magazine/big-business-gwyneth-paltrow-wellness.html>.

7. Citado por Pla, Josep, en *Un senyor de Barcelona*, Barcelona, Destino, 1998, p. 131.

8. Cubí, M., *La frenolojía y sus glorias. Lecciones de frenolojía,* Barcelona, Vicente Castaños, 1853, p. 432. Citado por García-Albea, E., y García-Albea, J., en «Mariano Cubí, propagador de la frenología en España», *Neurosciences and History,* 2014, 2(3):94-105.

9. Balmes, J., «Estudios frenológicos», *La Sociedad: Revista Religiosa, Filosófica, Política, y Literaria*, 1843, 1:337-67. Citado por García-Albea, E., y García-Albea, J., en «Mariano Cubí, propagador de la frenología en España», *Neurosciences and History,* 2014, 2(3):94-105.

10. Este y otros comentarios aparecieron publicados en el vídeo de la intervención de Pàmies, disponible en YouTube: <https://www.youtube.com/watch?v=kQbjk-FD7Mc>.

11. Véase <http://www.mscbs.gob.es/novedades/docs/analisisSituacionTNatu.pdf>.

12. *Ara*, 26 de agosto de 2016.

HÁBITO 4

1. Véase <https://www.washingtonpost.com/world/asia_pacific/as-mob-lynchings-fueled-by-whatsapp-sweep-india-authorities-struggle-to-combat-fake-news/2018/07/02/683a1578-7bba-11e8-ac4e-421ef7165923_story.html?noredirect=on&utm_term=.8b4b8603f3ea>.

2. Véase <https://www.proceso.com.mx/548948/eran-campesinos-los-hombres-acusados-de-robachicos-y-quemados-vivos-en-puebla-fiscalia>.

3. Véase <https://www.facebook.com/icmam.acatlan/posts/1024694831041612>.

4. Véase <https://www.elprogreso.es/articulo/lugo-ciudad/lugo-se-alarma-por-un-falso-aviso-de-ladrones-rumanos/20131120000600294753.html>.

5. Véase <https://www.europapress.es/madrid/noticia-policia-investiga-origen-mensajes-alertaban-falsamente-amenaza-bomba-metro-20131011125646.html>.

6. Véase <http://oxfordre.com/criminology/view/10.1093/acrefore/9780190264079.001.0001/acrefore-9780190264079-e-155?print=pdf>.

7. Ibidem.

8. Véase <https://www.bcb.gob.bo/webdocs/11_comunicados/14-10-jun-BC_1.pdf>.

9. Véase <http://lapatriaenlinea.com/?nota=30769>.

10. Véase <https://www.bcb.gob.bo/webdocs/normativa/leyes/1993/LEY1488.pdf>.

11. Véase <https://www.eldia.com.bo/?cat=1&pla=7&id_articulo=35504>.

12. Véase <https://www.bcp.com.bo/Content/descargas/MemoriaAnual/memoria_2011.pdf>.

13. Véase <https://www.asfi.gob.bo/images/ASFI/DOCS/SALA_DE_PRENSA/Notas_de_prensa/2017/N_11_Nota_Desmentido_Quiebra_BCP.pdf>.

14. Véase <https://www.youtube.com/watch?v=XBNKqjXjGl0&>.

15. Véase <https://www.youtube.com/watch?261=&v=1hwSqoRrj38>.

16. Véase <https://www.facebook.com/manuelangel.barrerabanez/videos/1462212333812587/>.

17. Véase <https://twitter.com/adagamov/status/835155583758131200>.

18. Véase <https://www.fema.gov/florence-rumors>.

Hábito 5

1. Véase <https://assets.publishing.service.gov.uk/government/uploads/system/uploads/attachment_data/file/750909/6.4882_DCMS_Loneliness_Strategy_web_Update.pdf>.

2. Nowland, R.; Necka, E.; y Cacioppo, J. T., «Loneliness and social internet use: Pathways to reconnection in a digital world?», *Perspectives in Psychological Science*, 2017, 13(1):70-87.

3. Shensa, A.; Escobar-Viera, C. G.; Sidani, J. E.; Bowman, N. D.; Marshal, M. P.; y Primack, B. A., «Problematic social media use and depressive symptoms among U.S. young adults: A nationally-representative study», *Social Science & Medicine*, 2017, 182:150-157.

4. Véase <http://content.time.com/time/magazine/article/0,9171,1570810,00.html>.

5. Véase < https://www.pnas.org/content/115/33/8316>.

6. Véase <https://www.fbbva.es/noticias/cerebro-limita-numero-la-intensidad-circulos-amistades/>.

7. Véase <https://www.statista.com/statistics/604860/reasons-to-follow-brands-on-social-media/>.

8. Véase <https://twitter.com/IkerCasillas/status/1021503503544594432.html>.

9. Véase <https://twitter.com/astro_duque/status/1021794749244694528.html>, enlace que redirige a una página web de la Nasa.

10. Véase <https://newsroom.fb.com/company-info/>.

11. Véase <https://help.instagram.com/424737657584573>.

12. Véase <https://about.twitter.com/es.html>.

13. Véase <https://about.linkedin.com/es-es>.

14. Véase <https://www.linkedin.com/help/linkedin/answer/71110/limite-de-tamano-de-la-red> (datos a diciembre de 2018).

15. Véase <https://verne.elpais.com/verne/2016/12/27/mexico/1482828309_993456.html>.

16. Véase <https://www.bbc.com/mundo/noticias-43864965>.

17. Véase <http://hemeroteca.lavanguardia.com/preview/2008/01/17/pagina-5/33137631/pdf.html>.

HÁBITO 6

1. Véase <https://www.change.org/p/todos-los-amantes-de-los-animales-y-perros-salvemos-a-curro-perro-alano-espa%C3%B1ol-42e0bc60-96f3-4e80-939c-7e8204c00231>.

2. Véase <https://www.club-caza.com/actualidad/actualver.asp?nn=8234>.

3. Véase <https://twitter.com/CasoAislado_Es/status/1076185839623909376>.

4. Véase <https://casoaislado.com/que-injusticia-el-perro-que-defendio-su-casa-de-un-ladron-rumano-que-acumula-70-detenciones-sera-sacrificado/>.

5. Véase <https://twitter.com/RobertoCordo/status/1077607477775093760>.

6. Véase <http://www.razasdeperro.net/perro-alano-espanol/>.

7. Véanse <http://animalbro.blogspot.com/2015/05/alano-espanol.html> y <https://es.wikipedia.org/wiki/Alano_español>.

8. Lippmann, Walter, *Public Opinion*, p. 26.

9. Miller, Clyde R., *How to detect and analyze propaganda*, Nueva York, The Town Hall, Inc., 1939.

10. Véase < http://www.abrahamlincolnonline.org/lincoln/speeches/pierce.htm>.

Hábito 7

1. Platón, *Apología de Sócrates*.

2. Véase <https://elpais.com/diario/1991/07/30/cultura/680824805_850215.html>.

3. Véase <http://hemeroteca.lavanguardia.com/preview/1994/09/18/pagina-27/33487336/pdf.html>.

4. Taleb, Nassim, Antifrágil, Paidós, Barcelona, 2013, p. 367.

5. Ibidem, p. 368.

6. Véase <https://www.newsguardtech.com>.

7. Véase <https://www.newsguardtech.com/ratings/criteria-for-and-explanation-of-ratings/>.

8. Véase <https://maldita.es/metodologia-de-maldito-bulo/>.

9. Garnett, David, *The secret history of PWE: The Political Warfare Executive 1939-1945*, p. 214.

Agradecimientos

En mi oficina hay una pared llena de post-it. Allí vamos anotando las frases que, a lo largo del tiempo, alguien ha usado de un modo singularmente oportuno, según el parecer del resto. Es un cuadro de honor de frases célebres, pero en versión doméstica. Una de las expresiones que han merecido este honor es el dicho «Para quien tiene un martillo, todo son clavos», que dijo Adrián Becerra. Durante los meses de redacción de este libro, mi búsqueda de ejemplos, casos, noticias y reflexiones sobre desinformación ha sido casi obsesiva: su frase viene como anillo al dedo. Tanto él como Míriam Hatibi, Alícia Labián, Tristán Ibáñez, Prado Armengou, Guillem Calvet y Llorenç Allès han tenido la paciencia de aguantarme y la gentileza de ponerme sobre la pista de muchas de las cosas que he contado en estas páginas.

Este libro viene precedido del ensayo sobre el rumor y las redes sociales *El sentido del rumor*, cuya publicación me permitió mantener numerosas conversaciones sobre las dificultades del momento actual para diferenciar lo cierto de lo falso y para no dar confianza a las *fake news* ni autoengañarme con una percepción polarizada de la realidad. A riesgo de olvidar algunos nombres (pido disculpas), recuerdo agradecido el contraste de impresiones con Ramon Poch, Josep M. Ganyet, Josep Maria Ureta, Arturo San Agustín, Miquel Urmeneta, Laia Corbella, Magda Gregori, Miguel Ángel Ariño, Ariadna Oltra, Anna Alonso, Toni Piqué, Iu Forn, Anna Mascaró, P. J. Armengou, Lluís Reales y Xavi Ayén. El doctor Joaquim Bosch me asesoró en la parte más espinosa, y Hugo Zaragoza, en otra igualmente compleja pero más amable.

Marta y Leo han ayudado más de lo que creen. Y también Ona, que descubrió a tiempo cómo las redes sociales influyen en la propia vida de maneras no siempre positivas. Y María, mi prima psiquiatra, que me facilitó comprender un poco mejor algunas patologías. Josepmaria, mi hermano médico, sesudo investigador, es referente de una actitud decidida de búsqueda de la verdad sin mezcla de desinformación. Más de un centenar de amigos y conocidos se han tomado la molestia de contestar un cuestionario online sobre el uso de las redes sociales.

Mis editores, Joan Riambau y Carlos Martínez, son los principales culpables de que haya llegado hasta esta última línea.

A ellos, y a todos, muchas gracias.

Descubre tu próxima lectura

Si quieres formar parte de nuestra comunidad,
regístrate en **libros.megustaleer.club**
y recibirás recomendaciones personalizadas

Penguin
Random House
Grupo Editorial

 megustaleer